Nordrhein-Westfalen

Deutschbuch

Differenzierende Ausgabe

Arbeitsheft **7**

Arbeitstechniken
Texte schreiben
Texte verstehen
Grammatik
Rechtschreibung
Lernstandstest

Herausgegeben von
Markus Langner,
Bernd Schurf und
Andrea Wagener

Erarbeitet von
Friedrich Dick,
Marianna Lichtenstein,
Agnes Fulde und
Toka-Lena Rusnok

Name: _____

Klasse: _____

Autoren- und Quellenverzeichnis

S. 5: Treffer 12: Mülltrennung und Recycling. Nach: Tanja Lindauer: http//:www.helles-koepfchen,de/artikel/3308.html [26.07.2013] – **S. 7:** Viele Verletzte nach Meteoriteneinschlag – Zufall oder Vorbote? Nach: http://www1.wdr.de/fernsehen/aks/themen/meteoriteneinschlag104.html [26.07.2013] – **S. 8:** Meteoriten in Deutschland. Nach: http://www.n24.de/n24/Nachrichten/Panorama/d/1782210/infografik--meteoriteneinschlaege.html [26.07.2013] – **S. 23:** Sollen Schüler verpflichtet werden, ...? Zusammengestellt aus: http://de.answers.yahoo.com/question/index?qid=2012020614843AA1rZ3U [26.07.2013] – **S. 24 ff.:** Hamm, Magdalena: Schweinchen, hilf! Aus: Zeit Leo Nr. 4/2012, S. 21–24 – **S. 29:** Hebel, Johann Peter: Der kluge Richter. Nach: Schatzkästlein des rheinischen Hausfreundes. Hg. v. Winfried TheisS.Reclam: Stuttgart 1999, S. 66–67 – **S. 33:** Hebel, Johann Peter: Der Star von Segringen. Nach: Schatzkästlein des rheinischen Hausfreundes. Hg. v. Winfried TheisS.Reclam: Stuttgart 1999, S. 223–224 – **S. 36:** Heine, Heinrich: Die Lorelei. Aus: Gesammelte Werke. Bd. 1: Gedichte I. Hg. v. Wolfgang Harich. Berlin: Aufbau 1951, S.183–184 – **S. 46:** Zehn Jahre lang haben Wissenschaftler ... Aus: GEOlino extra – Wasser, Nr. 27/2011, S. 29 – **S. 58:** Milliardär Branson mit dem Kitesurf über den Ärmelkanal. Nach: http://www.welt.de/vermischtes/article107617857/Milliardare-Branson-mit-Kitesurf-ueber-den-Aermelkanal.html [26.07.2013] – **S. 82:** Jedes Jahr findet in der Mongolei ... Nach: http://www.mongolei.de/land/naadam.htm [26.07.2013] – **S. 84:** Ringkämpfe in der Mongolei. Nach: http://www.mongolei.de/land/naadam.htm [26.07.2013] – **S. 86:** Mpira – afrikanischer Sandfußball. Aus: http://www.bleyenberg.de/afrikanische_spiele/indes.html#mpira [26.07.2013] – **S. 91:** Wolak-walik. Aus: https://www.plan-deutschland.de/uploads/tx_trs2mediathek/Spiele_Asien_mit_Logo.pdf [26.07.2013] – **S. 93:** Essen mit Stäbchen. Aus: http://www.br-online.de/kinder/spielen-werklen/rezepte/2013/03724/ [26.07.2013] – **S. 94:** Die Ostküste der größten ... Aus: http://www.welt.de/reise/article1930653/Bei-den-Inuit-am-kalten_Ende-der-Welt.html [26.07.2013] – **S. 96, 97:** Aus: Lloyd-Jones, Robin: Red Fox und der weiße Bär. Dressler: Hamburg 2008, S. 142 – 143 u. 161 – **S. 108–109:** Köckritz, Angela: Hallo, ich bin Dongdong. Aus: http://blog.zeit.de/kinderzeit/2013/03/07/hallo-ich-bin-dongdong_13€47 [26.07.2013]

Bildquellenverzeichnis

S. 7 unten rechts: pa picture alliance/dpa; – **S. 10** oben rechts: pa picture alliance/dpa; – **S. 11** oben rechts: pa picture alliance/dpa; – **S. 12** Mitte rechts: pa picture alliance/Aurelia Frey/akg-images; – **S. 13** unten rechts: pa picture alliance/dpa; – **S. 14** oben rechts: Getty Images/Elsa; – **S. 15** oben links und oben rechts: pa picture alliance/dpa; – **S. 22:** Lily-Braun-Oberschule, Berlin; – **S. 24** Mitte rechts: pa picture alliance/Sandra Gätke; – **S. 33** oben rechts: Erni/fotolia.com; – **S. 37** oben: On-Shore UG, München; – **S. 38** Mitte rechts: On-Shore UG, München; – **S. 40** unten: Davis Granville/fotolia.com; – **S. 42** unten rechts: rangizzz/fotolia.com; – **S. 45** Mitte links: © eVolo/USA; – **S. 49** rechts: Cmon/fotolia.com; – **S. 58** oben rechts: pa picture alliance/usage; – **S. 59** unten rechts: Stefan K. Hetz, Berlin; – **S. 60** Mitte rechts: pa picture alliance/WaterFrame; **S. 60** unten rechts: Mexrix/fotolia.com; – **S. 61** Mitte rechts: Johanna Mühlbauer/fotolia.com; – **S. 64** oben links: Kasia Bialasiewicz/fotolia.com; – **S. 64** oben Mitte: Afrika Studio/fotolia.com; – **S. 64** oben rechts: wmedien/fotolia.com; – **S. 64** Mitte links: red2000/fotolia.com; – **S. 64** Mitte: shotstudio/fotolia.com; – **S. 64** Mitte rechts: DenisNata/fotolia.com; – **S. 69** Mitte links: Mariusz/fotolia.com; – **S. 69** Mitte: markim/fotolia.com; – **S. 69** Mitte rechts: pa picture alliance/AP images; – **S. 70** oben rechts: pa picture alliance/dpa/dpaweb; **S. 70** unten rechts: markus_marb/fotolia.com; – **S. 71** oben: pa picture alliance/dpa/dpaweb; – **S. 72** oben: pa picture alliance/Wildlife; – **S. 74** oben rechts: bitter/fotolia.com; – **S. 74** Mitte rechts: pa picture alliance/CSU Archives/Everett Collection; – **S. 82** oben Mitte: pa picture alliance/Bruno Morandi/Robert Harding World Imagery; – **S. 82** Mitte rechts: pa picture alliance/Bildagentur-online.com; – **S. 83** oben Mitte: pa picture alliance/Wildlife/S. Müller; – **S. 83** unten: Schapowalow/SIME; – **S. 84** unten Mitte: pa picture alliance/Udo Bernhart; – **S. 93** Mitte rechts: Susanne Roßbach, Bischberg, Freie Journalistin; – **S. 95** unten links: pa picture alliance/Ton Koene; – **S. 99** Mitte rechts: pa picture alliance/dpa/Farhad Peikar; – **S. 102** unten links: pa picture alliance/dpa/Farhad Peikar; **S. 103** oben rechts: pa picture alliance/Ton Koene; – **S. 104** Mitte rechts: Xinhua/images.de; – **S. 105** Mitte rechts: andriigorulko/fotolia.com; **S. 10** unten rechts: Heike Rau/fotolia.com; – **S. 106** Mitte: debiv/fotolia.com; – **S. 107** oben rechts Lineair/images.de; – **S. 108** Mitte rechts: Getty Images North America; – **S. 112** oben rechts: pa picture alliance/dpa.

Impressum

Redaktion: Thorsten Feldbusch
Bildrecherche: Petra Ebert

Coverfoto: Thomas Schulz, Teupitz

Illustrationen:
Thomas Binder, Magdeburg: S. 20
Volkhart Binder, Berlin: S. 8, 28
Miriam Elze, Hamburg: S. 16–19
Michael Fleischmann, Hamburg: S. 29, 34–36
Ulrike Selders, Köln: S. 75, 77, 79, 81, 85, 87, 90, 97
Susanne Kuhlendahl, Tönisvorst: S. 39, 41, 47, 48, 50, 51, 54–57, 61–63, 67

Layoutkonzept: werkstatt für gebrauchsgrafik, Berlin
Layout und technische Umsetzung: Ines Schiffel, Berlin

www.cornelsen.de

1. Auflage, 8. Druck 2021

Alle Drucke dieser Auflage sind inhaltlich unverändert
und können im Unterricht nebeneinander verwendet werden.

© 2014 Cornelsen Schulverlag GmbH, Berlin
© 2017 Cornelsen Verlag GmbH, Berlin

Druck und Bindung: Livonia Print, Riga

ISBN: 978-3-06-062713-4

Deutschbuch

Differenzierende Ausgabe

Arbeitsheft

Lösungen

7

Name: _____

Klasse: _____

Cornelsen

Arbeitstechniken

Seite 5

Informationen – Recherchieren und veranschaulichen

1 **1** Eingabefeld für Suchbegriffe   **2** Internetadresse   **3** Nutzeranmeldung   **4** Tag des Zugriffs

2 Der Suchbegriff lautete: Recycling Plastik

3 richtig ist: Der Text steht in einem Zusammenhang, weil *er zum Suchbegriff passt/weil es sich um den 12. Treffer handelt.*

Seite 6

4 Schlüsselwörter: Müll, wertvoll, neue Produkte, Altpapier, Recycling, Natur schonen, Arbeitsplätze schaffen, früher Schrott-händler, heute Sammelstellen, farbige Tonnen einsortieren, Probleme, verrottet nicht, Mülldeponien schaden, Müllverbren-nungsanlagen Abgase, Müllproduktion vermeiden, Wiederverwertung

5 + 6 z. B.:

1 **Thema:** Müll

2 **Lösungen: 3** Müllvermeidung, **3** Mülltrennung

2 **Probleme: 3** wertvoller Müll wird jeden Tag weggeworfen,

3 Plastik verrottet nicht,

3 Müll belastet insgesamt die Natur, **3** Bäume werden für die Papierherstellung abgeholzt,

3 Immer größere Müllhalden, **3** Boden und Grundwasser sind bedroht, **3** Giftige Gase bei Müllverbrennung, …

2 **Recycling: 3** Begriff aus dem Englischen,

3 Neue Produkte aus Plastik oder Glas herstellen,

3 Papier aus Altpapier, **3** Müll zur Sammelstelle bringen,

3 Müll in farbige Tonnen sortieren, …

2 **Vorteile durch Recycling: 3** weniger Bäume werden abge-holzt, **3** insgesamt entsteht viel weniger Müll, **3** die Natur wird geschont, **3** neue Arbeitsplätze entstehen, …

Sprechen – Schreiben – Zuhören

Seite 7

Berichten – Einen informierenden Text verfassen

Seite 8: Planen

3

Was ist *ein Meteorit*?	*Größe/Aussehen:* meist kleine Gesteinsbrocken; ähnliche wie Kieselsteine oder Felsbrocken
Wie bemerkt man Meteori-ten?	*verglühen in* der Atmosphäre; schlagen meist auf unbewohntem Gebiet ein; *größere,* wie Asteroiden, können sehr gefährlich werden
Wo *gehen sie nieder*?	*weltweit* können Meteoriten auf die Erde niedergehen; *Beispiele aus Deutschland:* Kiel, Oldenburg oder Untermässing
Welche Gefahren gehen von ihnen aus?	*Druckwelle führt zu* Explosionen; Fensterscheiben zerplatzen; *verletzt* Menschen
Unterschied zum *Asteroiden*?	*Größe/Aussehen:* können so groß wie ein Kreuzfahrtschiff sein; *Gefahren:* Asteroiden löschten wahrscheinlich Dinosaurier aus

4 a richtig: A, C, D   falsch: B

c Gewichte und Fundorte könnten zusätzlich in die Mind-Map eingetragen werden.

Seite 9: Schreiben + Überarbeiten

5 + 6 z. B.: **Gefahr aus dem Weltall?**

Meteoriten können zu jeder Zeit und überall auf der Welt auftreten. Bei Meteoriten handelt es sich um kleinere Gesteinsbro-cken, die in die Erdatmosphäre eindringen und dort meist verglühen. Deshalb bemerkt man sie am Himmel, weil ihr Verglü-hen sowohl am Tag als auch besonders in der Nacht zu sehen ist. Viele gehen unbemerkt zu Boden, da sie über unbewohn-tem Gebiet einschlagen. Wissenschaftler beobachten den Weltraum sehr genau. Sie erkennen auf diese Weise drohende Gefahren. Die Bevölkerung wird im Ernstfall frühzeitig benachrichtigt.

Seite 10

Sternschnuppen – Einen informierenden Text verfassen

2 zusammengehörige Satzbausteine: A + 2   B + 3   C + 1

3 a Sternschnuppen sind kleine Gesteinsbrocken, *die* sich auf ihrem Flug durch das All stark erhitzen *und* bei Eintritt in die Erdatmosphäre verglühen.
Dieses Verglühen macht die kleinen Meteoriten, die vom Himmel fallen, als helle Lichtstriche am Himmel sichtbar.
Gefahren gehen von Sternschnuppen nicht aus, *da* sie oft nur Millimeter groß sind.
Selten kommt es vor, *dass* man auf die Erde gefallene Sternschnuppen findet.
Wünsche sollen in Erfüllung gehen, *nachdem* man eine Sternschnuppe erblickt hat.
40 von 100 Menschen achten darauf, Sternschnuppen am Nachthimmel zu entdecken, *damit* ihre Wünsche in Erfüllung gehen.
Die Bezeichnung „Sternschnuppe" geht zurück auf den Glauben, Engelchen würden die Sterne putzen, *wobei* manchmal ein Stückchen abbreche und als Sternschnuppe zur Erde falle.

b Überschrift B passt besser zum Text.

Seite 11

Weltraumschrott – Einen informierenden Text verfassen

1 z. B.: Überschrift: *Schrott aus dem Weltraum wird zur Bedrohung*
Weltraumschrott bedroht in zunehmendem Maße Projekte der Raumfahrt. Schätzungsweise 150 000 Objekte umkreisen als Weltraumschrott die Erde. Darunter befinden sich weit über 12 000 Objekte, die größer als 10 cm sind. Dieser Müll, der sich in der Erdumlaufbahn in ca. 36 000 km Höhe befindet, droht mit Satelliten oder gar der Weltraumstation ISS zu kollidieren. Die Schrottteile stammen aus der Raumfahrt. Es kann sich dabei um Teile abgesprengter Raketenstufen oder auch um verloren gegangene Werkzeuge der Astronauten handeln. Der Weltraumschrott steht unter ständiger Beobachtung durch Wissenschaftler, die diesen mit Teleskopen auf seinen Flugbahnen verfolgen und in Datenbanken notieren. Satelliten oder auch die ISS müssen gelegentlich dem Weltraumschrott ausweichen, um die Gefahr eines Zusammenstoßes zu vermeiden. Eine Müllabfuhr im Weltraum muss noch erfunden werden.

Seite 12

Personen beschreiben – Sportler aus China

1 a + b

Fragen	Antworten
Wie ist Lin Dan gekleidet?	Lin Dan *trägt eine rote, kurze Sporthose und ein rot-gelbes Sportshirt*. In der linken Hand hält er *einen Badmintonschläger*. Auf dem linken Oberarm *erkennt man ein Tattoo*.
Wie sehen sein Kopf und Gesicht bzw. Gesichtsausdruck aus?	Er hat *schwarze, kurze* Haare und ein *schmales, ovales* Gesicht. Seine *Ohren* stehen leicht ab. Er hat *dunkle* Augen. Seine Augenbrauen sind *dicht*. Auf dem Bild hat er den *Mund* geöffnet, da er sich konzentriert und leicht *außer Atem* zu sein scheint.
Wie wirkt seine Körperhaltung?	Sein Körper ist *in voller Anspannung*. Er macht einen *Schritt* vorwärts, weil *er den Federball erreichen will*.
Wie heißt der Badmintonspieler?	Der Badmintonspieler heißt *Lin Dan*. Er kommt aus *China*.

Seite 13

2 a + b

Liste	Spickzettel
KÖRPERHALTUNG	1. Name
GESCHLECHT	2. Geschlecht
ALTER	3. Alter
KLEIDUNG	4. Herkunft
KOPF	5. Kopf
HERKUNFT	6. Kleidung
PERSÖNLICHER EINDRUCK	7. Körperhaltung
VERHALTEN	8. Verhalten
NAME	9. Persönlicher Eindruck

3 Die Buchstaben B und C sollten angekreuzt werden.

4 z. B.: Lin Dan ist ungefähr 25 Jahre alt. Er hat schwarze, stoppelige Haare und ein ovales, sehr schmales Gesicht. Mandelförmige Augen strahlen aus dem Gesicht des Badmintonspielers. Sie werden umrahmt von dunklen, geschwungenen Augenbrauen. Volle Lippen kennzeichnen den Mund des Chinesen. Er trägt ein weiß-gelbes Trikot mit schwarzen Schultern, eine schwarze Hose und gelbe Sportschuhe. Er hält einen Badmintonschläger in der linken Hand, was darauf schließen lässt, dass Lin Dan Linkshänder ist. Der Sportler verfügt über einen trainierten Körper und viele Muskeln. Sein Blick ist konzentriert. Insgesamt wirkt Lin Dan sehr sportlich.

Seite 14

Die Volleyballspielerin – Eine Personenbeschreibung ergänzen

1 geeignet sind: groß, schlank, lang, zusammengebunden, oval, schmal, groß, mandelförmig, dunkel, geöffnet, konzentriert, sportlich, Trikot, kurze Sporthose, sportlich, durchtrainiert, athletisch

2 Die junge Sportlerin ist ca. 25 Jahre alt, schlank und groß. Der *Körperbau* der Volleyballerin wirkt sportlich und *athletisch*. Da sie auf dem Bild gerade den Ball schlägt, sind ihre dunklen und *mandelförmigen Augen* weit aufgerissen. Der Ausdruck ihres Mundes ist *konzentriert*. Ihre dunklen, *langen Haare* hat sie *zusammengebunden*. Die Sportlerin *trägt* ein für ihr Team typisches rotes kurzärmliges *Trikot* mit der Nummer acht. Auch ihre Sporthose ist *rot* und mit einer *Nummer* versehen. Die Knie und Unterschenkel werden durch *schwarze* Knieschoner und lange schwarz-weiße Socken geschützt. Insgesamt wirkt die Volleyballspielerin ehrgeizig und engagiert.

Seite 15

Tischtennisspieler – Eine Personenbeschreibung verfassen

1 a Zu allen Merkmalen können bei beiden Tischtennisspielern Angaben gemacht werden.

b **Gesichtsform**: oval, kantig, schmal, länglich
Augen und Augenausdruck: eng beieinanderstehend, auseinanderstehend, blau, braun, dunkel, mandelförmig
Augenbrauen: schmal, buschig, geschwungen, dunkel
Mundwinkel und Ausdruck: lächelnd, verkniffen, herabgezogen, konzentriert, freundlich

Lippen: schmal, voll, geschminkt, geschwungen, geöffnet
Haare: lang, kurz, mittellang, dunkel, hell, blond, lockig, gescheitelt, hochgesteckt, voll
Kleidung: sportlich, lässig, elegant, modisch, traditionell, bunt
Figur/Körperhaltung: groß, klein, schlank, sportlich, untersetzt, korpulent, aufrecht, dünn

2 z. B.:

Tischtennisspielerin	Tischtennisspieler
Die Tischtennisspielerin ist ca. 20 bis 25 Jahre alt. Sie hat schwarze, volle und leicht gescheitelte Haare, die sie mit einer kleinen Klammer festgesteckt hat. Ihr Gesicht ist oval mit kantigen Wangenknochen. Mandelförmige Augen konzentrieren sich auf das Spiel. Die Augenbrauen der Tischtennisspielerin sind leicht hochgezogen und geschwungen. Volle Lippen kennzeichnen den Mund der Chinesin. Sie trägt ein dunkelblaues Trikot mit einem gelben Drachen als Muster. Sie hält einen Tischtennisschläger in der rechten Hand. Die Sportlerin verfügt über einen sportlichen, schlanken Körper. Ihr Blick ist auf das Spiel gerichtet. Insgesamt wirkt die Tischtennisspielerin sehr ernst und konzentriert.	Der Tischtennisspieler ist ca. 20 bis 25 Jahre alt. Er hat dunkle, volle Haare, die nicht gescheitelt sind. Sein Gesicht ist oval mit herabgezogenen Wangen. Mandelförmige, eng beieinanderstehende Augen fixieren das Spielgeschehen. Die Augenbrauen des Tischtennisspielers sind leicht hochgezogen und geschwungen. Schmale, leicht geöffnete Lippen bilden den Mund des Chinesen. Er trägt eine schwarze Sporthose, ein rotes Trikot mit einem gelben Drachen als Muster. Er hält einen Tischtennisschläger in der rechten Hand. Die linke Hand bildet das spielerische Gegenstück zum Schläger. Der Sportler verfügt über einen sportlichen, schlanken und trainierten Körper. Sein Blick ist absolut auf das Spiel gerichtet. Insgesamt wirkt der Tischtennisspieler sehr ernst und konzentriert.

Seite 16 + 17

Einen Vorgang beschreiben – Backen, pressen, basteln

1 **Zutaten**: 1 Esslöffel Zucker, 200 g Mehl, zwei Äpfel, drei Eier, 1 Teelöffel Salz, 5 Esslöffel Öl, 2 Tassen Milch, Zimt
Küchengeräte: ein Esslöffel, ein Teelöffel, ein Schälmesser, ein Handrührgerät (Mixer), ein Pfannenwender, eine Pfanne, eine Rührschüssel, ein Messbecher, eine Tasse

2 z. B.: Schäle die Äpfel und schneide sie in schmale Scheiben. Gib als Nächstes *200 Gramm* Mehl, *2 Tassen Milch, drei Eier* und *einen Teelöffel Salz in eine Rührschüssel. Die Zutaten werden 2 Minuten lang mit einem Handrührgerät gut gemixt.* Rühre die fein geschnittenen Apfelstückchen vorsichtig in den Teig. *Erhitze Öl in einer Pfanne auf Stufe 2.* Nimm mit einem Esslöffel eine Portion Teig und gib sie vorsichtig in das heiße Fett. *Die kleinen Teigküchlein werden in der Pfanne mit einem Pfannenwender umgedreht, damit sie von beiden Seiten schön braun werden. Die fertigen Apfelküchlein werden zum Abschluss mit Zimt und Zucker überstreut.*
Guten Appetit!

Seite 18

Natürlichen Klebstoff herstellen – Einen Vorgang beschreiben

1 + 2 1 Zunächst wird eine rohe Kartoffel mit einem Messer oder einem Kartoffelschäler geschält.
2 Eine Schüssel wurde zuvor mit einem sauberen Leinentuch ausgelegt.
3 Man reibt die Kartoffel nach dem Schälen mit einer Kartoffelreibe in die ausgelegte Schüssel.
4 Anschließend wird eine Tasse Wasser in die Schüssel mit den geriebenen Kartoffelstückchen gegeben.

5 Man umschließt daraufhin die Kartoffelstückchen mit dem Leinentuch und presst die Masse zusammen, bis kein brauner Kartoffelsaft mehr in die Schüssel läuft.

6 Die Schüssel mit dem ausgepressten Saft etwa eine Stunde stehen lassen, bis sich auf dem Boden eine Schicht weiße Kartoffelstärke abgesetzt hat.

7 Nun wird die überschüssige Flüssigkeit vorsichtig abgegossen.

8 Im Anschluss gibt man die zurückgebliebene Stärke in einen kleinen Kochtopf.

9 Dann wird eine Tasse Wasser zur Stärke gegossen und alles unter ständigem Rühren erhitzt.

10 Sobald die Flüssigkeit Blasen wirft und quillt, nimmt man sie vom Herd. Der Klebstoff ist nun fertig und wird in kleine, gut verschließbare Gefäße umgefüllt.

3 Passivformulierungen: Sätze 1, 2, 4, 7, 9, 10 (zweiter Teil)

Seite 19

Ein chinesischer Papierdrache – Eine Bastelanleitung schreiben

1 Um einen chinesischen Papierdrachen zu basteln, benötigt man
vier weiße *Pappbecher, orangefarbenes, grünes, rotes und weißes Papier, einen Heftapparat, eine Schere, eine Tube Alleskleber*

2 z. B.:

1 *Zunächst nimmt man die bemalten Pappbecher und klebt sie farblich abwechselnd aneinander. Dabei das hintere Ende eines Bechers an der Öffnung des nachfolgenden Bechers befestigen.*

2 *Anschließend wird ein Drachenkopf auf grünem Papier gezeichnet. Dabei das Maul, die Nase, die Ohren und Augen sowie die Zähne des Drachen durch farbiges Papier gestalten.*

3 *Nachdem die Bestandteile des Gesichts aufgeklebt wurden, werden die Flügel des Drachen aus grünem Papier wie ein Fächer gefaltet und seitlich am Körper angeklebt.*

4 *Zum Schluss bekommt der Drache noch eine rote Zunge und ein zackiger Schwanz wird angeklebt.*

Seite 20

Argumentieren – Standpunkte schriftlich begründen

1 In dem Zeitungsartikel geht es um das Unterrichtsfach „Benehmen".

2 (Meinung: unterstrichen; Argumente/Gründe: *kursiv*; Beispiele: **fett**)
Wohlgekleidet steht Markus G. vor einer Klasse von Siebtklässlern. Auf dem Stundenplan steht das Unterrichtsfach „Benehmen". Nicht nur mittwochs in der dritten Stunde will er seinen Schülerinnen und Schülern gute Manieren beibringen. Markus G. ist der Überzeugung, dass Verhaltensweisen wie Höflichkeit, Pünktlichkeit und andere gute Manieren häufig im Schulalltag zu kurz kommen oder viel zu wenig von den Schülerinnen und Schülern praktiziert werden.
Das Thema hat seine Berechtigung im Schulunterricht, *weil von Seiten der Industrie immer häufiger beklagt wird, dass es Bewerbern oft an wichtigen Voraussetzungen für eine Berufsausbildung fehlt. Hierzu zählt nicht nur Teamfähigkeit, sondern auch Pünktlichkeit, Disziplin, das Grüßen von Personen oder ein gepflegter Sprachgebrauch.* Markus G. berichtet beispielsweise von dem Schüler **Sebastian, der ständig seine Kappe auf dem Kopf trägt und Kaugummi kaut.** *Bei einem Bewerbungstermin könnten dies bereits Kriterien für eine Ablehnung sein.* Ein weiteres Beispiel ist seine Schülerin **Jasmin, die als Hobbys Telefonieren und Chatten angibt und ständig „voll krass" in ihren Sätzen benutzt.**

3

PRO	KONTRA
– Eltern benehmen sich oft auch nicht richtig.	– Benehmen lernt man zu Hause.
– Gutes Benehmen hat noch niemandem geschadet.	– Gesellschaftliche Probleme dürfen nicht auf Lehrer abgewälzt werden.
– „Aller Anstand ist schwer!"	– Aufgabe des Elternhauses
– Die Förderung guter Manieren ist wünschenswert.	– Man kann nicht seine eigenen Wertevorstellungen allen überstülpen
	– Man sollte keine Lernzeit verschwenden.

Seite 21

5 z. B.: **Betr.: Mittwochs, dritte Stunde – Benimm-Unterricht**
Peter Müller, Bonner Echo vom 3. Juni 2014

PRO	KONTRA
Peter Müller vertritt in seinem Artikel „*Mittwochs, dritte Stunde – Benimm-Unterricht*" die Meinung, dass *das Unterrichtsfach „Benehmen" im Schulalltag sehr wichtig ist, um mit den Schülerinnen und Schülern Verhaltensweisen wie Höflichkeit, Pünktlichkeit sowie gute Manieren zu trainieren.*	Peter Müller vertritt in seinem Artikel „*Mittwochs, dritte Stunde – Benimm-Unterricht*" die Meinung, dass *das Unterrichtsfach „Benehmen" im Schulalltag sehr wichtig ist, um mit den Schülerinnen und Schülern Verhaltensweisen wie Höflichkeit, Pünktlichkeit sowie gute Manieren zu trainieren.*

Ich bin der gleichen Meinung wie *der Autor des Artikels, da gutes Benehmen bisher noch niemandem geschadet hat. Häufig lernen Jugendliche dies auch nicht im Elternhaus, weil sich manche Eltern nicht vorbildhaft benehmen. Oft verhalten sie sich auch nicht richtig.*
Ich bin wie *Peter Müller* der Meinung, dass *die Förderung guter Manieren überhaupt nicht schaden kann, besonders weil Arbeitnehmer verstärkt darauf achten.*
Abschließend möchte ich noch einmal betonen, dass *ich es begrüßen würde, wenn in der Schule das Fach „Benehmen" auf dem Stundenplan stünde.*
Name: ...

Im Gegensatz zum Verfasser stehe ich auf dem Standpunkt, dass *das Training guter Manieren die Aufgabe der Eltern ist. Will der Autor des Artikels behaupten, dass meine Eltern dieser Aufgabe nicht nachkommen? Statt persönliche Wertevorstellungen einer Schulklasse überzustülpen, sollte die wertvolle Lehrzeit zur Vermittlung von Lernstoff genutzt werden, damit wir im Wettbewerb auf dem Arbeitsmarkt die bestmöglichen Chancen haben.*
Abschließend möchte ich noch einmal betonen, dass *meiner Meinung nach gutes Benehmen zu Hause vorgelebt und gelernt werden muss.*
Name: ...

Seite 22

„Ich bin für eine Höflichkeitswoche!" – Einen Leserbrief verfassen

1 a + b
Sehr geehrte Redaktion vom Bonner Echo, sehr geehrter Herr Müller!
In Ihrem Artikel „Mittwochs, dritte Stunde – Benimm-Unterricht" vom 3. Juni 2014 sprechen Sie sich für die Einführung des Unterrichtsfachs „Benehmen" aus.
Ich teile Ihre Meinung in dieser Frage nicht.
Ich bin davon überzeugt, dass *ein regelmäßig stattfindendes Unterrichtsfach „Benehmen" an Aufmerksamkeit einbüßt, da es genauso wie etwa das Fach Mathematik im Laufe der Zeit an Interesse verliert und eher unaufmerksam verfolgt wird.*
Meiner Meinung nach ist die Durchführung von „Höflichkeitswochen" im Laufe eines Schuljahres weitaus wirksamer und von viel größerem Interesse, <u>weil</u> dadurch den Schülerinnen und Schülern gutes Benehmen konzentriert und klassenübergreifend bewusst gemacht werden kann. <u>Denn</u> im Rahmen von Projektwochen kann höfliches und gutes Benehmen ausprobiert und in die Tat umgesetzt werden.
In Projektwochen haben wir immer wieder sehr konzentriert *arbeiten können. Warum nicht auch zum Thema „Benehmen"?*
Aus diesen Gründen möchte ich abschließend noch einmal betonen, dass ich *die Durchführung von Höflichkeitswochen in Form von Projektwochen bevorzuge.*
Mit freundlichen Grüßen
...

Seite 23

„Verhaltensführerscheine"? – Einen Forumsbeitrag verfassen

1 (Argumente PRO: unterstrichen; Argumente KONTRA: *kursiv*)

Bodo: Ja! Denn <u>es gibt zu viele, die von sich zu viel offenbaren und daher angreifbar sind.</u>
Sie wissen nicht, wie man <u>sich gegen Mobbing im Internet schützt.</u>
Selbst <u>Arbeitgeber schauen ins Internet, wenn sie neue Bewerber einladen. Sind dann peinliche Dinge zu finden, werden sie nicht genommen.</u>
Ein Führerschein ist eine Anleitung, was der Einzelne daraus macht, ist eine andere Sache.

Wanda: Nein! Wozu sind denn Eltern da?
Kinder sollten von ihren Eltern lernen, dass sie persönliche Daten niemals preisgeben dürfen. Wie im Leben sollten sie *auch im Netz nicht fluchen und drohen.* Die Zahl der *„Likes"* sollte nicht über das Netz transportiert werden, sondern *in tatsächlichen Begegnungen mit wirklichen Freunden.* Oder brauchen Eltern einen solchen Führerschein?

2 a–c, z. B.:

PRO	KONTRA
Genau wie Bodo bin auch ich der Meinung, dass ein Verhaltensführerschein durchaus Sinn macht. Wie häufig findet man auf Facebook-Profilen Angaben, die dort nicht hingehören. Persönliche Daten oder auch unhöfliche und dämliche Bemerkungen gehören nicht auf öffentliche Plattformen. Ich möchte dort z. B. nicht meine Handynummer oder gar meine Treffen mit Freunden auf Pinnwänden wiederfinden. Hier kann mit Hilfe von „Fahrstunden" durch das Netz ein richtiger Führerschein erworben werden. Denn sonst fahren einige „ihren Karren" an die Wand und werden womöglich böse Überraschungen erleben.	Ich teile nicht die Meinung, dass man einen Verhaltensführerschein zur Pflicht machen sollte. Sicher werden im Netz noch sehr viele Fehler begangen. So wird z. B. zu viel an persönlichen Daten preisgegeben. Doch man kann nicht allen unterstellen, dass sie diesen Fehler machen würden. Ich persönlich spreche nicht nur mit meinen Eltern, sondern auch mit meinen Freunden über soziale Plattformen und Einträge, die dort gepostet werden. Jeder ist selbst verantwortlich für das, was er dort reinschreibt. Pech gehabt, wenn etwas schiefläuft. Wer einen solchen Führerschein machen will, für den gibt es sehr viele Info-Quellen. Für mich möchte ich die Freiheit haben, selbst zu entscheiden.

Lesen – Umgang mit Texten und Medien

Seite 24

Reportagen und Grafiken lesen – Die Familie Chuchillo

1 z. B.: Bild und Überschrift weisen darauf hin, dass es um das Thema „Meerschweinchen" geht. Offen bleibt zunächst, wobei die Tiere helfen sollen.

Seite 25

3 Die treffendste Aussage ist die Aussage B.

4 a die Cuys: *Meerschweinchen*   „Plan": *Name eine Kinderhilfswerks*
         der Verschlag: *der Stall*   das Fiepen: *Geräusch der Meerschweinchen*
      b die richtige Zuordnung lautet: A 5, B 4, C 2, D 1, E

Seite 26

5 a + b
Was erfährst du über Peru?
Peru liegt hoch oben in den südlichen Anden. Von der Stadt Cusco aus muss man zwei Stunden lang mit dem Auto über unebene Wege holpern. Die Anden sind eine Gebirgskette, die sich durch ganz Südamerika erstreckt. Sie bestehen aus unzähligen Bergen, die aussehen, als seien sie mit grünem Samt überzogen. Bis vor ein paar Hundert Jahren wurden die Anden von den Inkas bewohnt.
In Peru werden Meerschweinchen nicht als Streicheltiere gehalten, sie werden gegessen. In dem südamerikanischen Land ist es aber so normal, wie es für viele von uns normal ist, Hühner, Kühe, Schafe oder Schweine zu essen. Die Meerschweinchen sind in den Anden einfacher zu halten als Kühe oder Schweine. Hier oben wächst nicht genügend saftiges Gras, um große Tiere damit satt zu bekommen. Das wenige Getreide und die Kartoffeln, die man im kargen Boden anbauen kann, brauchen die Menschen selbst zum Essen. Außerdem kosten größere Tiere auch mehr Geld.
Welche Informationen liefert der Text über die Inkas?
Bis vor ein paar Hundert Jahren wurden die Anden von den Inkas bewohnt, einem mächtigen Indianervolk, das riesige Paläste aus Stein baute. Die Inkas hatten ihre eigene Sprache, Quechua, und die wird noch heute von vielen Andenbewohnern gesprochen. Auch von Nilton und seiner Familie. „Cuy" zum Beispiel ist das Quechua-Wort für Meerschweinchen – und es ist ein sehr passender Name für die Tiere. Denn wenn man ganz genau hinhört, dann klingt ihr Fiepen tatsächlich wie „cuy, cuy, cuy".
Welche Folgen hat die Cuy-Zucht für die Familie Chuchillo?
Bis vor Kurzem waren die Chuchillos so arm, dass sie kaum etwas zu essen kaufen konnten. Es gab fast immer nur Kartoffeln, die der Vater selbst anbaute. Schulhefte für ihre Kinder konnten sich die Eltern schon gar nicht leisten. Seitdem die Chuchillos aber ihre Cuys züchten, verdienen sie mit dem Verkauf der Tiere Geld, und sie haben selbst Fleisch zum Essen. Deshalb sagt der Vater, dass es ihnen dank der Tiere viel besser geht.
Allein hätte die Familie ihre Meerschweinchenfarm nicht aufbauen können. Sie bekamen Hilfe von „Plan", einem Kinderhilfswerk. „Plan" schenkte der Familie Chuchillo vor zwei Jahren 22 Meerschweinchen – zwei Männchen und 20 Weibchen. Und seither haben sie sich prächtig vermehrt.

6 a + b z. B.:

Zeilenangaben	Überschrift
1–28	Cuy-Geräusche
29–46	Peru – Land der Inkas in den Anden
47–69	Meerschweinchen und die Familie Chuchillo
70–88	„Plan" und Familienmitglieder helfen bei der Meerschweinchenaufzucht

7 In der Reportage *„Schweinchen, hilf!"* von *Magdalena Hamm* geht es um *die Familie Chuchillo*, die in den peruanischen Anden lebt und *dort Meerschweinchen züchtet*.
Im ersten Textabschnitt wird *die Familie und ihr Meerschweinchenstall in dem peruanischen Dorf* vorgestellt. Dann wird das Dorf in *den Anden sowie das Leben der Inkas, der Ureinwohner, genauer beschrieben*. Im dritten Abschnitt geht es um *die Familie Chuchillo und ihr armes Leben vor Beginn der Aufzucht der Meerschweinchen*.
Im letzten *Textabschnitt werden die Vorteile der Meerschweinchenzucht dargestellt und wie die Familie Chuchillo sie betreibt*.

Seite 27

Was ich erfahre (Teil 1) – Einen Textabschnitt zusammenfassen

1 a (sachlich informieren: unterstrichen; Leser unterhalten: *kursiv*)
       Familie Chuchillo lebt in Peru, in einem winzigen Dorf hoch oben in den südlichen Anden. Von der Stadt Cusco aus muss man zwei Stunden lang mit dem Auto *über unebene Wege holpern, bis man zu ihrem Haus gelangt*. Die Anden sind eine Ge-

birgskette, die sich durch ganz Südamerika erstreckt. Sie bestehen aus unzähligen Bergen, *die aussehen, als seien sie mit grünem Samt überzogen*. Bis vor ein paar Hundert Jahren wurden die Anden von den Inkas bewohnt, einem mächtigen Indianervolk, das riesige Paläste aus Stein baute. Die Inkas hatten ihre eigene Sprache, Quechua, und die wird noch heute von vielen Andenbewohnern gesprochen. Auch von Nilton und seiner Familie. „Cuy" zum Beispiel ist das Quechua-Wort für Meerschweinchen – und es ist ein sehr passender Name für die Tiere. *Denn wenn man ganz genau hinhört, dann klingt ihr Fiepen tatsächlich wie „cuy, cuy, cuy".*

b

Über das Leben der Familie Chuchillo erfahre ich:	Über die Inkas erfahre ich:
– lebt in Peru – *in einem winzigen Dorf in den südlichen Anden* – *zwei Stunden von der Stadt Cusco entfernt* – *nur über holprige Straße erreichbar*	– lebten bis vor ein paar Hundert Jahren in *den Anden* – *mächtiges Indianervolk* – *bauten riesige Paläste aus Stein* – *hatten ihre eigene Sprache: Quechua* – *Quechua wird noch heute von vielen Andenbewohnern gesprochen.* – *Das Inkawort „Cuy" ist das Quechua-Wort für Meerschweinchen.*

2 z. B.: In dem Auszug aus der Reportage „Schweinchen, hilf!" geht es um die Situation der Familie Chuchillo. Der Textabschnitt handelt von *ihrem kleinen Wohnort – einem Dorf in den südlichen Anden Perus.*
Außerdem wird berichtet, *dass die Inkas, die Ureinwohner der Anden, dort gelebt haben, wo sie riesige Steinpaläste und auch eine eigene Sprache – das Quechua – hinterlassen haben.*

Seite 28

Was ich erfahre (Teil 2) – Eine Grafik zu einem Sachtext ergänzen

1

2 a Schlüsselwörter mit neuen Informationen:
Familie Chuchillo ist schon jetzt, <u>nach knapp zwei Jahren</u>, viel zufriedener. Zwar müssen die Eltern einen <u>Teil des Geldes, das sie durch den Verkauf der Tiere verdienen, wieder ausgeben</u>, um die Meerschweinchen zu versorgen. Trotzdem <u>haben sie jetzt merklich mehr</u> als zuvor.
„Wir konnten für Tania endlich eine Schultasche kaufen", erzählt der Vater Franklin. „Außerdem haben wir <u>Pflanzensamen gekauft und bauen jetzt unser eigenes Gemüse an.</u>"
Er zeigt auf die Beete, auf denen im Schatten des Hauses kleine Pflänzchen wachsen: Zwiebeln, verschiedene Sorten Kohl und Salat.

b z.B.:

Familie Chuchillo vor der Meerschweinchenzucht	Aufbau einer Meerschweinchenzucht	Möglichkeiten durch die Meerschweinchenzucht
– karges Leben in den Anden – Familie war arm – kaum genügend zu essen, lediglich Kartoffeln aus eigenem Anbau – Schulhefte konnten die Eltern sich nicht leisten	– „Plan" (Kinderhilfs-werk) hilft beim Aufbau der Meerschweinchenzucht – 22 Meerschwein-chen als Startkapital	– zwei Jahre später ist die Familie zufriedener – Teil des verdienten Geldes muss abgegeben werden – Familie hat mehr als vorher – Fleisch als Nahrungsgrundlage – man kann Schultasche kaufen – Ankauf von Pflanzensamen für eigenen Gemüseanbau

Seite 29

Eine Kalendergeschichte untersuchen – Finderlohn?

1 Die Kalendergeschichte handelt von C.

Seite 30

2 die richtigen Zuordnungen lauten: 1 E, 2 D, 3 A, 4 B, 5 C, 6 G, 7 H, 8 F

3 a (gelb = Richter: **fett**, blau = der ehrliche Finder: <u>unterstrichen</u>, grün = der reiche Mann: *kursiv*) *reich* <u>arm</u> **vorsichtig** *unvorsichtig* *großzügig* **freundlich** unfreundlich *dumm* **klug** <u>ehrlich</u> *unehrlich* **gut** *böse* *hinterlistig* <u>offen</u> *trickreich* <u>natürlich</u> <u>dankbar</u> *undankbar* *geizig* **intelligent** **schlau**

b

Richter	der ehrliche Finder	der reiche Mann
schlau, intelligent, vorsichtig: *„Aber der kluge Richter, der die Ehrlichkeit des einen und die schlechte Gesinnung des anderen zum Voraus zu kennen schien […]"(Zeile 39–41)* **schlau, intelligent, vorsichtig**: *„Er ließ sich von beiden über das, was sie aussagten, eine feste und feierliche Versicherung geben […]" (Zeile 41–43)* **gut, schlau**: *„Du, ehrlicher Freund, nimmst also das Geld, welches du gefunden hast, wieder zurück und behältst es in guter Verwahrung, bis der kommt, welcher nur siebenhundert Taler verloren hat." (Zeile 48–52)* **klug, schlau, freundlich, vorsichtig**: *„Und du da geduldest dich, bis derjenige sich meldet, der deine achthundert Taler findet." (Zeile 52–53)*	<u>freundlich, ehrlich, natürlich</u>: *„[…] ein guter und ehrlicher Mann" gibt das gefundene Geld ab. (Zeile 6–8)* <u>ehrlich, offen, freundlich</u>: *„So sprach er mit dem heiteren Blick eines ehrlichen Mannes und eines guten Gewissens […]" (Zeile 9–10)* <u>natürlich, freundlich, ehrlich, gut</u>: *„Der ehrliche Finder, dem es weniger um die hundert Taler als um seine unbescholtene Rechtschaffenheit ging, versicherte, dass er das Päcklein so gefunden habe, wie er es bringe, und es so bringe." (Zeile 29–31)* <u>ehrlich, offen</u>: *„[…] dass er von dem Gefundenen nichts genommen und das Päcklein nicht versehrt habe." (Zeile 36–37)*	*großzügig: „Er […] bot […] eine Belohnung von 100 Talern an." (Zeile 3–6)* *unvorsichtig: verliert eine beträchtliche Geldsumme (vgl. Zeile 1–3)* *hinterlistig, böse, unehrlich: „Der machte auch ein fröhliches Gesicht, aber nur, weil er sein verlorenes Geld wiederhatte. […] und dachte unterdessen geschwinde nach, wie er den treuen Finder um seine versprochene Belohnung bringen könnte." (Zeile 12–18)* *unehrlich, trickreich: „Guter Freund", sprach er, „es waren eigentlich achthundert Taler in dem Tuch eingenäht. Ich finde aber nur noch siebenhundert Taler. Ihr werdet also wohl eine Naht aufgetrennt und Eure hundert Taler Belohnung schon herausgenommen haben. Da habt Ihr wohl daran getan." (Zeile 19–24)*

c z.B.: **Der ehrliche Finder:** Der ehrliche Finder ist ein korrekter Mann, der nicht etwa die Gelegenheit ergreift, die gefundenen Taler zu behalten, sondern er gibt sie ganz ehrlich ab. In seiner freundlichen und offenen Art tritt er dem reichen Mann gegenüber und ist überrascht über dessen Dreistigkeit zu behaupten, er habe sich bereits den Finderlohn von 100 Talern genommen. Durch seine Natürlichkeit und Ehrlichkeit überzeugt er auch den Richter.
Der reiche Mann: Der reiche Mann ist trotz seines Reichtums weder wirklich großzügig noch offen und ehrlich. Er gibt nur vor, großzügig zu sein. So behauptete er, der Finderlohn von 100 Talern sei bereits von dem Finder aus dem Tuch genommen worden. Er glaubt besonders trickreich und schlau zu sein. Seine Hinterlist wird allerdings offensichtlich, so dass er vor Gericht den Kürzeren zieht.
Der kluge Richter: Der kluge Richter erkennt sofort, mit welchen Menschen er es zu tun hat. So entlarvt er den hinterlistigen und unehrlichen reichen Mann. Die Klugheit und Schläue lässt den Richter ein weises Urteil fällen, das dem ehrlichen Finder sehr entgegenkommt und den reichen Mann nicht als Lügner öffentlich erscheinen lässt. Dennoch geht dieser leer aus.

4 a richtig sind: A, B, E, F   falsch sind: C, D
b korrigiert lauten die Aussagen: C … handelt von meist einfachen Menschen.   D … enthält eine überraschende Wendung (Pointe).

Seite 31

Die Geschichte Schritt für Schritt – Ein Flussdiagramm

1

Ein reicher Mann verliert *eine beträchtliche Geldsumme.*
Er verspricht *dem ehrlichen Finder eine Belohnung.*
Ein ehrlicher Finder *findet das Tuch mit der Geldsumme und gibt es dem reichen Mann zurück.*
Der reiche Mann überlegt, wie er den *ehrlichen Finder um seine Belohnung bringen könnte.*
Er behauptet, dass ursprünglich *800 Taler in dem Tuch eingenäht waren.*
Der reiche Mann unterstellt dem Finder, *sich bereits die Belohnung genommen zu haben.*
Der ehrliche Finder ist besorgt um *seinen guten Ruf.*
Der Fall kommt vor *das Gericht.*
Der Richter lässt sich von beiden versichern, dass sie *beide die Wahrheit sagen.*
Der Urteilsspruch lautet: Der Finder *darf das Geld behalten, bis derjenige kommt, der 700 Taler verloren hat.*

	Der reiche Mann soll warten, bis *sich ein ehrlicher Finder meldet, der seine 800 Taler gefunden hat.*

2

Abschnitt 1:	Ehrlicher Finder bringt reichem Mann dessen verlorene Geldsumme zurück
Abschnitt 2:	Reicher Mann unterstellt ehrlichem Finder, sich bereits den Finderlohn genommen zu haben
Abschnitt 3:	Kluger Richter fällt weises Urteil im Streit um die verlorene Geldsumme

Seite 32

Der Sinn der Geschichte – Die Pointe und die Lehre untersuchen

1
a Abschnitt *3, Zeile 44–53*
b Aussage A trifft die überraschende Wendung (Pointe) am besten.

2
a Zeilenangabe: *27–28*
b z. B.: Wenn man unehrlich ist, kann es passieren, dass man am Ende der Verlierer ist und die eigene Unehrlichkeit offensichtlich wird. Mit Ehrlichkeit und Aufrichtigkeit kommt man im Leben weiter.
c Aus der Geschichte kann man lernen, dass *Ehrlichkeit und Aufrichtigkeit im Leben siegen.* / *... man sich von unfairen Menschen nicht einschüchtern lassen soll.*
d Sowohl die Lehre als auch *die überraschende Wendung* stehen im *dritten Abschnitt der Kalendergeschichte.* Denn erst, indem der Richter *das Urteil verkündet,* wird die Lehre mit einem konkreten Inhalt versehen.

Seite 33

Eine Inhaltsangabe schreiben – Eine Lehre für das Leben

1
a In der Kalendergeschichte geht es um einen Vogel, einen Star.

2
Die Aussage B fasst die Kalendergeschichte am besten zusammen.

Seite 34

Einleitung, Hauptteil, Schluss – Geschichten zusammenfassen

1
Die Kalendergeschichte *„Der Star von Segringen"* von *Johann Peter Hebel* stammt aus dem Jahr *1805* und hat das glückliche Schicksal *eines zahmen/sprechenden Vogels* zum Inhalt.

2
z. B.: Der Friseur von Segringen besitzt einen zahmen Star, dem der Lehrjunge Unterricht im Sprechen gibt. Der Vogel ist sehr schlau und lernt viele Wörter und Ausdrücke, die er immer wieder aufsagt. Eines *Tages fliegt der Star durch ein offen stehendes Fenster davon. Kurz darauf lernt er andere Vögel kennen, mit denen er weiterfliegt. Dabei geraten sie in ein Fangnetz eines Vogelfängers. In dem Augenblick, als der Vogelfänger den Star aus dem Fangnetz nimmt und ihm den Hals umdrehen will,* **schreit dieser, er sei der Friseur von Segringen.** *Der erschrockene Vogelfänger erkennt, dass es sich um Hansel, den Star des Friseurs von Segringen handelt. Auf die Frage, wie er in sein Fangnetz geraten sei,* **antwortet der Star, dass dies durch die Gesellschaft mit anderen Vögeln komme, denen er sich angeschlossen hatte.** *Der Vogelfänger bringt* schließlich *den Star seinem Herrn zurück.*

3
z. B.: Die Kalendergeschichte soll junge Leute davor warnen, *sich unüberlegt in die Gesellschaft anderer zu begeben. Bei Fremden weiß man nicht, wohin gemeinsame Aktivitäten oder Abenteuer führen.*

Seite 35

Die indirekte Rede verwenden – Geschichte zusammenfassen

1

Zitate	indirekte Rede
Der Lehrling fragte: „Hansel, was machst du?" (Z. 16)	*Der Lehrling fragte Hansel, was er mache.*
Auf seine Frage antwortete der Star: „Du Tollpatsch." (Z. 9–10)	Auf seine Frage antwortete der Star, dass dieser *ein Tollpatsch sei.*
... da dachte der Star: „Ich hab jetzt schon so viel gelernt, dass ich die Welt erkunden kann." (Z. 20–22)	*Da dachte der Star, dass er nun schon so viel gelernt habe, dass er die Welt erkunden könne.*
... da schrie dieser Vogel: „Ich bin der Friseur von Segringen." (Z. 32–33)	*Da schrie dieser Vogel, dass er der Friseur von Segringen sei.*

2
vgl. Lösung zu Seite 34, Aufgabe 2, Fettdruck

Seite 36

Eine Ballade gestaltend vortragen – Heines „Lorelei"

2 + 3 Heinrich Heine

Die Lorelei (1824)

Ich weiß nicht, was soll es bedeuten, I	*fragend, nachdenklich*	Sie kämmt es mit goldenem Kamme ↗ I	*ruhig,*
Dass ich so traurig bin; ↘ II	*unglücklich*	Und singt ein Lied dabei; ↗ II	*gespannt*
Ein Märchen aus alten Zeiten, ↗		Das hat eine wundersame,	*besonders*
Das kommt mir nicht aus dem Sinn.		Gewaltige Melodei. ↗ ↘ II	*betonen*
Die Luft ist kühl, und es dunkelt,	*ruhig, langsam*	Den Schiffer im kleinen Schiffe	
Und ruhig fließt der Rhein; ↘ II		Ergreift es mit wildem Weh; ↗	
Der Gipfel des Berges funkelt	*regelmäßig*	Er schaut nicht die Felsenriffe, ↗	
Im Abendsonnenschein. ↘		Er schaut nur hinauf in die Höh'. ↗	*entsetzt, verzweifelt*
Die schönste Jungfrau sitzet I		Ich glaube, die Wellen verschlingen	
Dort oben wunderbar, ↘ II	*stolz*	Am Ende Schiffer und Kahn; I	*erschrocken*
Ihr goldnes Geschmeide blitzet,		Und das hat mit ihrem Singen	*leiser werdend*
Sie kämmt ihr goldnes Haar;		Die Lorelei getan. ↘	*traurig*

Grammatik

Seite 37

Das kann ich schon! – Wortarten, Zeitformen, Sätze

1 a Wer gern aus der Höhe springt, hat vielleicht schon vom „Blobbing" gehört, einer neuen Sportart. Wassersportler begegnen *ihr/sie/ihnen* sehr aufgeschlossen und haben *ihn/es/sie* zu ihrer neuen Lieblingsfreizeitbeschäftigung auserkoren. Beim „Blobbing" wird gesprungen. Deshalb müssen die Teilnehmer bestimmte Sicherheitsvorkehrungen beachten. *Ihnen/Sie/Ihr* müssen Helm und Schwimmweste tragen. Zudem ist es *ihnen/sie/ihm* nur erlaubt, in tiefes Wasser zu springen.   *(je richtige Lösung 1 Punkt; höchste Punktzahl: 4 Punkte)*

b (Personalpronomen: unterstrichen, Possessivpronomen: **fett**, Demonstrativpronomen: *kursiv*)
   – Blobbing? – Für mich (grün) die Entdeckung *dieses* (blau) Sommers!
   – Blobbing? – *Das* (blau) ist **unsere** (gelb) neue Lieblingssportart!

   (je richtige Lösung 1 Punkt; höchste Punktzahl: 4 Punkte)

2 a, b Für das „Blobbing" (A) füllt man einen Gummischlauch mit Luft (D). Dieser schwimmt *auf dem* Wasser (D). *Auf dem* Schlauchende (D) sitzt der „Blobber". Ein „Jumper" springt *von einem* Turm (D) *auf den* Schlauch (A). Dadurch wird der „Blobber" *in die* Höhe (A) und dann *in das* Wasser (A) geschleudert. Ziel: möglichst hoch und akrobatisch *durch die* Luft (A) zu fliegen.   *(je richtige Lösung 1 Punkt; höchste Punktzahl: 15 Punkte)*

Seite 38

3 Für das „Blobbing" braucht man einen stabilen Gummischlauch, einen *hohen* Sprungturm, *tiefes* Wasser und natürlich *sportliche* Teilnehmer. Was man sonst noch benötigt? Einen *sonnigen* Tag, *aufmerksame* Zuschauer und *gerechte* Juryentscheidungen. Danach hat man sich wirklich eine *lange* Pause und ein *leckeres* Eis verdient.

   (je richtige Lösung 1 Punkt; höchste Punktzahl: 8 Punkte)

4 a Ich sprang. (Präteritum)   Ich werde springen. (Futur I)
   Ich war gesprungen. (Plusquamperfekt)   Ich springe. (Präsens)

   (je richtige Lösung 1 Punkt; höchste Punktzahl: 4 Punkte)

b Beim Verb „springen" handelt es sich um ein *starkes Verb.*

   (richtige Lösung 1 Punkt; höchste Punktzahl: 1 Punkt)

c In zwei Wochen *findet* wieder der alljährliche „Blobbing Battle" am Stadtparksee *statt*. Die Veranstalter *hoffen* auf gutes Wetter und zahlreiche Zuschauer. Im letzten Jahr *gewann* ein Team aus München, das die Rekordhöhe von 17 Metern *erreichte*. Nachdem die Jury einen der Teilnehmer zunächst wegen eines Formfehlers *ausgeschlossen hatte*, *erkannte* sie die Leistung schließlich doch an. Ob jemand den Rekord in diesem Jahr *bricht/brechen wird*?

   (je richtige Lösung 1 Punkt; höchste Punktzahl: 8 Punkte)

d In zwei Wochen *(adverbiale Bestimmung der Zeit)* findet *(Prädikat)* wieder *(adverbiale Bestimmung der Zeit)* der alljährliche „Blobbing Battle" *(Subjekt)* am Stadtparksee *(adverbiale Bestimmung des Ortes)* statt *(Prädikat)*.

   (je richtige Lösung 1 Punkt; höchste Punktzahl: 6 Punkte)

Seite 39

Wortarten unterscheiden – Lebensraum Meer

Nomen und Adjektive verwenden

1 **senkrecht:** 1) Taucherbrille, 4) Sturm, 6) Walross, 7) Schiff, 9) Welle, 10) Fische,
13) Möwe, 14) Sand, 15) Brise, 16) Hai, 17) Leuchtturm
waagerecht: 2) Muschel, 3) Insel, 5) Matrose, 8) Qualle, 11) Seeigel, 12) Ozean, 18) Ebbe

Seite 40

2 z. B.: …, die *kleine* Muschel, die *große* Insel, der *starke* Sturm, der *junge* Matrose, das *schwere* Walross, das *weiße* Schiff, die *giftige* Qualle, die *starke* Welle, die *bunten* Fische, der *stachelige* Seeigel, der *große* Ozean, die *schnelle* Möwe, der *weiche* Sand, die *starke* Brise, der *angriffslustige* Hai, der *hohe* Leuchtturm, die *starke* Ebbe

3 a Wale besitzen eine dicke Hautschicht (dick, ~~schwer~~, ~~rund~~), um die Körpertemperatur zu halten. Mit Hilfe ihres *stromlinienförmigen* Körpers (~~breit~~, *stromlinienförmig*, ~~jung~~) verringern sie den Wasserwiderstand. Ihre *feinen* Hautrillen (~~laut~~, ~~schwer~~, *fein*) verhindern, dass größere Wasserwirbel entstehen. Um Gewicht zu sparen, besitzt der Wal *leichte* Knochen (~~dick~~, ~~schwer~~, *leicht*).

Seite 41

Nomen und Präpositionen verwenden

1 a, b
  − Siehst du den großen Fisch von ~~mit~~ *dem* riesigen Maul?
  − ~~Hinter~~ *Vor* dem Fass sitzt ein Seeigel.
  − ~~Nach~~ *Vor* dem Bullauge schwimmt ein Hai.
  − Siehst du die merkwürdigen Flossen ~~seit~~ *von* dem schwarzen Fisch?
  − ~~Mit~~ *Seit* 9:00 Uhr kann man die Fütterung der Fische beobachten.
  − ~~Aus~~ *Wegen* ihrer guten Tarnung kann ich nicht alle Fische finden.
  − Scheinbar ~~auf~~ *ohne* Anstrengung schwimmt dieser Hai ~~an~~ *im* Becken.

Seite 42

Pronomen verwenden

1 + 2 a, b **Wie entsteht Regen?**
Woher kommt eigentlich das Wasser, das als Niederschlag auf die Erde fällt? Man hat
↑
es (Nominativ)
festgestellt, dass Wasser aus vielen kleinen, sich bewegenden Wassertropfen besteht. Die
↓ sie (Akkusativ)
Sonne erwärmt die Wassertropfen und trennt die Wassertropfen voneinander. Danach
↑ sie (Nominativ)
steigen die Wassertropfen als Dampf in den Himmel. Da das Meer besonders viel Wasser
↑ ihm (Dativ)
enthält, steigt von dem Meer auch besonders viel auf. Das Wasser verdunstet und gelangt in
↓ diesen (Dativ)
kühlere Luftschichten. In diesen kühleren Luftschichten entstehen Wolken, indem die Tropfen
↑ sie (Nominativ)
zusammengedrückt werden. Bevor es regnet, werden die Wolken immer dichter und dunkler.
↑ ihnen (Dativ)
Wenn sich in den Wolken zu viele Wassertropfen angesammelt haben, fällt Regen, Schnee
oder Hagel auf die Erde. Der Niederschlag wird zum Beispiel von den Pflanzen
↑ Dieser (Nominativ)
aufgenommen. Der Niederschlag wird dann zu Grundwasser, woraus z. B. Trinkwasser
hergestellt wird. Das Wasser, das sich in den Gewässern sammelt, fließt zurück in
↓ ihm/diesem (Dativ)
unser Meer. Und in dem Meer beginnt der Wasserkreislauf erneut.

3

Personalpronomen	Demonstrativpronomen
es, sie, sie, ihm, sie, ihnen, ihm	*diesen, dieser, diesem*

Seite 43

2 a, b

    Sie   *ihm*
Wolken bestehen aus kondensiertem Wasser.   Aus dem See steigt ebenfalls Wasserdampf auf.
    ihnen   *Es*
Regen fällt aus den Wolken auf die Erde.   Das Wasser fällt als Schnee.

5 Wolken ändern *ihre* Position.   Pflanzen suchen *ihre* Wasserquellen.
Wir kümmern uns um *unser* Trinkwasser.   Ein See verändert *seinen* Wasserspiegel.
Wasser sucht sich *seinen* Weg.   Das Wasser beginnt *seinen* Wasserkreislauf erneut.
Salz- und Süßwasser unterscheiden sich in *ihrem* Salzgehalt.

6 Wasser kann flüssig, fest oder gasförmig sein und damit einen so genannten Aggregatzustand einnehmen. [Dieser] kann sich je nach Temperatur immer wieder verändern. Gefriert Wasser, entsteht Eis, wird es stark erhitzt, wird es zu Dampf. Während [jenes] also Temperaturen unter Null Grad benötigt, braucht [dieser] über 100 Grad, um überhaupt gasförmig zu sein zu können. Stößt Dampf wiederum auf eine kalte Fläche, entsteht Nebel. [Dieser] setzt sich aus vielen kleinen Wassertröpfchen zusammen. Wenn Eis erhitzt wird, schmilzt es und wird ebenfalls wieder flüssig. Dass Wasser ein solcher Verwandlungskünstler sein kann, hängt mit den Wassermolekülen zusammen, aus denen es besteht. [Diese] ändern je nach Aggregatzustand ihre Beweglichkeit: ...

Seite 44

Adverbien verwenden

1 Ein russischer Architekt hat das Hotel der Zukunft entworfen: „The Ark" („Die Arche"). Es ist *noch* nicht gebaut worden. *Deshalb* sucht der Architekt nach Geldgebern. Bei dem Gebäude sollen zwei halbrunde Schalen *miteinander* verbunden werden. Während eine der Schalen *oberhalb/oben* zu sehen ist, schwimmt die andere *unterhalb/unten* im Wasser. Geplant ist die Nutzung von Wind- und Sonnenenergie. *Dadurch* soll die Umwelt geschützt werden.

2 a, b

Ort	Zeit	Grund, Zweck	Art und Weise
dort, herunter, vorne	morgen, damals, nachmittags, mehrmals, manchmal, tagsüber, immer	darum, hierzu, hierfür	besonders, umsonst, miteinander

Seite 45

Verben verwenden

1 Der „Water Scraper" (auf Deutsch: „Wasserkratzer") ist eine Idee eines Architekten aus Malaysia. Wenn es eines Tages weniger Platz an Land *gibt*, *baut* man dieses Haus vielleicht sogar. Tentakel *sorgen* für einen guten Stand im Wasser. Diese „Fangarme" *gewinnen* aus der Meeresströmung Energie zur Stromversorgung. Auf dem Dach *wachsen* ein Wald und ein Garten. Dort *ernten* die Einwohner Obst und Gemüse. Die Menschen *wohnen* unter der Wasseroberfläche.

Seite 46

Teste dich! – Wortarten

1 ++ Ein *gefährliches* Abenteuer: Frau taucht mit Haien. ++ Eine *lange* Reise: Großvater segelt um die Welt. ++ Eine *lustige* Idee: Trainer bringt Delfinen das Lachen bei. ++ Ein *mutiger* Plan: Schüler will allein über den Atlantik paddeln. ++ Eine *große* Überraschung: Forscher findet Wasser auf dem Mars. ++ Eine *beachtliche* Leistung: Mann bricht Schwimmrekord. ++

(je richtige Lösung 1 Punkt; höchste Punktzahl: 6 Punkte)

2 a, b

                    aus   *in*
Zehn Jahre lang haben Wissenschaftler [unter] der ganzen Welt [mit] unseren Weltmeeren Fische, Krustentiere, Weichtiere und Meeressäuger gezählt. Die Forscher haben einen Katalog
mit
[bei] insgesamt 250 000 Bewohnern der Ozeane vorgelegt. Sie vermuten, dass es noch
               in
unzählige unbekannte Arten [neben] den Ozeanen gibt.

(je richtige Lösung 1 Punkt; höchste Punktzahl: a 4, b 4 Punkte)

3

a, b	Pers.	Poss.	Dem.
Es Wasser enthält zwei Zutaten. [Wasser] besteht aus ...	X		

				X
diesem Wasser ist ein wichtiger Grundstoff. Aus dem Grundstoff ...				X
unsere Mit Wasser können wir Strom erzeugen. Damit schützen wir die Umwelt.			X	

(je richtige Lösung 1 Punkt; höchste Punktzahl: a 3, b 3 Punkte)

Seite 47

Das Tempus des Verbs – Wasserhelden

Gegenwärtiges und Zukünftiges ausdrücken

1 a, b „Die Sonne scheint, keine Wolke steht am Himmel. Nur ein leichter Wind *weht*. Zahlreiche Zuschauer *jubeln* lautstark und warten auf den Startschuss und auf die vierbeinigen Sportler. Diese *bellen* aufgeregt. Zum dritten Mal *kämpfen* 40 Hunde beim ‚Surf City Surf Dog'-Wettkampf um den Sieg auf dem Surfbrett. Hierbei sitzen oder *stehen* die Vierbeiner auf ihren Brettern und *bemühen* sich auf dem Brett um eine gute Figur. Extrapunkte *gibt* es nämlich für das Rückwärtssurfen oder das Wiederfinden des Gleichgewichts. Der Wettbewerb ist so beliebt, dass er auch nächstes Jahr wieder *stattfindet*."

2 a Was wird denn am kommenden Wochenende beim „Surf City Surf Dog"-Wettbewerb alles passieren?

Seite 48

Das Perfekt verwenden

1 a, b „Vor einigen Minuten kehren die Surfer aus dem Wasser zurück."
→ „Vor einigen Minuten sind die Surfer aus dem Wasser zurückgekehrt."
„Seit gestern beginnen die Surfer mit dem Training."
→ „Seit gestern haben die Surfer mit dem Training begonnen."

2 *Hast* du heute Morgen den Ritt auf der Riesenwelle beobachtet? Wir *haben* leider den Flieger *verpasst* und *sind* zu spät *ge-kommen*. Was ist passiert?
Einer der Surfer *ist* tatsächlich auf einer 30 Meter hohen Welle *geritten*. Dafür *hat* ihn ein Boot weit hinaus auf das Meer *ge-zogen*. Dort *hat* er auf die Riesenwelle *gewartet*, die sich dann wie eine Wand vor ihm *aufgebaut hat*. Blitzschnell *hat* der Sur-fer *reagiert*. Er *ist* an der Wasserwand *entlanggefahren* und dann *hat* sich die Welle *überschlagen*. Der Surfer *ist* aber unbe-schadet wieder *aufgetaucht* und wir *haben* alle lautstark *gejubelt*.

Seite 49

Das Präteritum verwenden

1 Schon vor Hunderten Jahren stellten sich die Polynesier auf Hawaii auf einfache Holzbretter und *nutzten/verwendeten* die-se als Fortbewegungsmittel auf dem Wasser. An besonders beliebten Surfstellen *bauten* sie Tempel an die Küste. Damit *ehr-ten* sie den Gott der Wellen, bevor sie sich in die Fluten *stürzten*. Selbst die Könige *verwendeten/nutzten* damals Surfbret-ter. Besonders eindrucksvolle Wellen *reservierten* sie für sich. Etwa 1000 nach Christus kamen die ersten Polynesier nach Hawaii. Schon damals *gab* es hier Riesenwellen; hier *trafen* sie zum ersten Mal auf eine Küste. Die Wellen *waren* bis zu zwanzig Meter hoch. Darauf *ritten* die Polynesier auf ihren Brettern. Damit *erfanden* sie das Wellenreiten.

2 a, b
schwache Verben: stellen – stellten, verwenden – verwendeten, ehren – ehrten, nutzen – nutzten, bauen – bauten, reservie-ren – reservierten, stürzen – stürzten
starke Verben: kommen – kamen, sein – waren, reiten – ritten, erfinden – erfanden, treffen – trafen, geben – gab

Seite 50

Abenteuer auf dem Wasser (Teil 1) – Das Präteritum verwenden

1 a Am Strand **S**CHAUTE eine Menschenmenge auf das Meer.   Alle **R**ENNEN plötzlich durcheinander.
Die Surfer **W**ARTETEN lange auf die Riesenwelle.   Die Surfer **S**TUERZTEN sich mit ihren Brettern ins Wasser.
Sie BEOB**A**CHTETEN jede Veränderung auf dem Wasser.   Nur einer SCHAFFTE es: den Ritt auf der Riesenwelle.
Ein Surfer ZEIGT**E** mit dem Finger auf eine große Welle.
b Lösungswort: *Wasser*

2 a **schwache Verben:** brauchen, legen, hören, kochen, tanzen, spielen, stellen, feiern, bauen, schicken, glauben, lachen
starke Verben: helfen, essen, finden, sehen, schreiben, lesen, schlafen, fliegen, fahren, denken, halten, rufen, fangen, flie-ßen, reiten

b, c

ich	half, aß, fand, sah, schrieb, las, schlief, flog, fuhr, dachte, hielt, rief, fing, floss
du	halfst, aßest, fand(e)st, sahst, schriebst, lasest, schliefst, flogst, fuhrst, dachtest, hielt(e)st, riefst, fingst, flossest
er/sie/es	half, aß, fand, sah, schrieb, las, schlief, flog, fuhr, dachte, hielt, rief, fing, floss
wir	halfen, aßen, fanden, sahen, schrieben, lasen, schliefen, flogen, fuhren, dachten, hielten, riefen, fingen, flossen
ihr	halft, aßt, fandet, saht, schriebt, last, schlieft, flogt, fuhrt, dachtet, hieltet, rieft, fingt, flosst
sie	halfen, aßen, fanden, sahen, schrieben, lasen, schliefen, flogen, fuhren, dachten, hielten, riefen, fingen, flossen

Seite 51

Abenteuer auf dem Wasser (Teil 2) – Das Präteritum verwenden

1 a „… und dann habe ich von zu Hause ein Surfbrett geholt. Damit bin ich vorsichtig auf das Eis gelaufen. An der Wasserstelle habe ich mich auf das Surfbrett gesetzt und den Hund aus dem Wasser geholt. Leider haben wir beide es nicht von alleine wieder auf das Eis geschafft. Deswegen habe ich um Hilfe gerufen. Ein Jogger hat uns gesehen und die Feuerwehr gerufen. Die ist dann gekommen und hat uns vom Eis geholt.“

   b Die Verben stehen im *Perfekt*.

   c Auf einem zugefrorenen See kam es gestern zu einer ungewöhnlichen Rettungsaktion. Nachdem ein Hund auf das Eis gelaufen und eingebrochen war, *holte ein Junge von zu Hause ein Surfbrett. Damit lief er vorsichtig auf das Eis. An der Wasserstelle setzte er sich auf das Surfbrett und holte den Hund aus dem Wasser. Da die beiden es nicht von alleine wieder auf das Eis schafften, rief der Junge um Hilfe. Ein Jogger sah sie und rief die Feuerwehr. Die kam und holte sie vom Eis.*

Seite 52

Das Plusquamperfekt verwenden

1 a, b

   A Immer mehr Menschen beherrschten das Wellenreiten. Sie lernten es von den Hawaiianern. (hatten)

   B Erste Surfwettkämpfe entstanden. Surfer traten privat gegeneinander an. (*waren*)

   C 1959 lief in den Kinos der Surf-Film „Gidget“. Die Surfbegeisterung stieg Anfang der 1960er Jahre. (*war*)

   D Immer aufwändigere Sprünge waren möglich. Man entwickelte technisch verbesserte Surfbretter. (*hatte*)

   E Der zwanzigjährige Amerikaner Kelly Slater gewann 1992 als jüngster Surfer die Weltmeisterschaft. Er wurde weltberühmt. (*hatte*)

   F Sie trainierte in ihrer Kindheit und Jugend. 2011 wurde die Französin Carissa Moore mit 18 die erste Surf-Weltmeisterin. (*hatte*)

   c A Immer mehr Menschen beherrschten das Wellenreiten, nachdem sie es von den Hawaiianern *gelernt hatten*.

   B Bevor erste Surfwettkämpfe entstanden, *waren* Surfer privat gegeneinander *angetreten*.

   C Nachdem 1959 in den Kinos der Surf-Film „Gidget“ *gelaufen war*, stieg die Surfbegeisterung Anfang der 1960er Jahre.

   D Immer aufwendigere Sprünge waren möglich, nachdem man technisch verbesserte Surfbretter *entwickelt hatte*.

   E Nachdem der zwanzigjährige Amerikaner Kelly Slater 1992 als jüngster Surfer die Weltmeisterschaft *gewonnen hatte*, wurde er weltberühmt.

   F Nachdem sie in ihrer Kindheit und Jugend *trainiert hatte*, wurde die Hawaiianerin Carissa Moore 2011 mit 18 die erste Surf-Weltmeisterin.

Seite 53

Teste dich! – Das Tempus

1 a er ist geschwommen du schriebst wir hatten geübt ich werde verreisen

   ihr fragt sie hat gelacht es regnet ich war gelaufen wir aßen sie haben gekauft wir werden feiern ich lese

   (je richtige Lösung 1 Punkt; höchste Punktzahl: 12 Punkte)

   b Anfang des 20. Jahrhunderts *kam* der Amerikaner A. H. Ford nach Hawaii. Nachdem er dort das Surfen *gelernt hatte*, *gründete* er 1908 den ersten Surfclub. Dieser *bestand* sieben Jahre später aus 1200 Mitgliedern. Heute *gehört* Surfen zu den beliebten Wassersportarten. In vielen Ländern *gibt* es heutzutage Wettkämpfe, bei denen Surfer gegeneinander *antreten*.

   (je richtige Lösung 1 Punkt; höchste Punktzahl: 7 Punkte)

2

a, b	richtig	falsch
A Der US-Amerikaner Garrett McNamara geriet 2013 in die Schlagzeilen, nachdem er einen neuen Weltrekord im Surfen aufgestellt hatte.	X	
B Nachdem er Begeisterungsstürme ausgelöst hatte, surfte er auf einer Riesenwelle.		X

	C McNamara erreichte sicher das Ufer, nachdem ihn zahlreiche Reporter befragt hatten.		X
	D Nachdem Fernsehsender über den Surfer berichtet hatten, wurde er weltweit bekannt.	X	

(je richtige Lösung 1 Punkt; höchste Punktzahl: a 4, b 4 Punkte)

c B Nachdem er auf einer Riesenwelle gesurft war, löste er Begeisterungsstürme aus.

C Nachdem McNamara sicher das Ufer erreicht hatte, befragten ihn zahlreiche Reporter.

(je richtige Lösung 1 Punkt; höchste Punktzahl: 2 Punkte)

Seite 54

Aktiv und Passiv – Wassersport

Aktiv- und Passivsätze unterscheiden und verwenden

1 a, b Bild 1: Zwei Teams mit je fünf Spielern in Einerkajaks spielen gegeneinander.
Bild 2: Kanupolo wird auf einem rechteckigen Spielfeld auf dem Wasser gespielt.
Bild 3: Ein Ball muss in das gegnerische Tor geworfen werden.
Bild 4: Die Spieler benutzen dabei die Hände oder ihre Paddel.
Bild 5: Die Tore werden gezählt.
Bild 6: Es werden zweimal zehn Minuten gespielt.

Seite 55

2 a, b, c

1. die Luft anhalten (*angehalten*)
2. den Körper vorbeugen (*vorgebeugt*)
3. die Hände unter Wasser auf dem Boden abstützen (*abgestüzt*)
4. den Körper in die Gerade schwingen (*geschwungen*)
5. den Rücken durchdrücken (*durchgedrückt*)
6. die Füße strecken (*gestreckt*)

3 1. Die Luft wird angehalten. 2. Der Körper wird *vorgebeugt*. 3. Die Hände werden unter Wasser auf den Boden gelegt. 4. Der Körper wird in die Gerade geschwungen. 5. Der Rücken wird durchgedrückt. 6. Die Füße werden gestreckt.

4 1. Die Luft wird von dem Schwimmer angehalten. 2. Der Körper wird von dem Schwimmer vorgebeugt. 3. Die Hände werden von dem Schwimmer unter Wasser auf den Boden gelegt.

5 z. B.: Für eine **Rückwärtsrolle** unter Wasser wird zunächst die Luft angehalten. Danach *wird der Körper nach hinten gebeugt, sodass die Füße vom Boden abheben. Die Arme werden dabei nach vorne gestreckt. Schließlich wird sich einmal um die eigene Achse gedreht. Zum Schluss werden die Füße wieder auf den Boden gestellt, der Körper gestreckt und die Arme in die Luft gehoben.*
z. B.: Für einen **Kopfsprung** vom 3-Meter-Brett wird zunächst der ganze Körper mit langen Armen gestreckt. Danach wird er leicht nach hinten gebeugt, um Schwung zu holen. Anschließend wird mit gestreckten Armen vom Brett abgesprungen. Kopfüber wird zum Schluss ins Wasser eingetaucht.
z. B.: Für eine **Drehung um die eigene Achse beim Sprung vom 10-Meter-Brett** wird zunächst der Körper mit langen Armen gestreckt. Anschließend wird leicht in die Hocke gegangen, um sich vom Brett abstoßen zu können. In der Luft wird der Körper einmal um die eigene Achse gedreht. Mit den Füßen voran wird zum Schluss ins Wasser eingetaucht.

Seite 56

Im Wasser (Teil 1) – Aktiv und Passiv verwenden

1 a, b Das Boot zieht den Wasserskifahrer. – Der Wasserskifahrer wird (vom Boot) gezogen.
Der Jurypräsident *hängt den Schwimmern die Medaillen um.* – Die Medaillen *werden (vom Jurypräsidenten) umgehängt.*
Der Spieler *wirft den Ball.* – Der Ball *wird (vom Spieler) geworfen.*
Der Ruderer *taucht das Ruder ins Wasser.* – Das Ruder *wird (vom Ruderer) ins Wasser getaucht.*

2 Gestern wurde der Wasserskifahrer gezogen.
Vor einer Stunde wurden *die Medaillen umgehängt.*
Gerade eben *wurde der Ball geworfen.*
Vor einigen Sekunden *wurde das Ruder ins Wasser getaucht.*

Seite 57

Im Wasser (Teil 2) – Aktiv und Passiv anwenden

1 a, b, c

A 100 Meter Freistil werden in 52,85 Sekunden geschwommen.
B Britta Steffen schwimmt 100 Meter Freistil in 52,85 Sekunden. (*X*)
A Garrett McNamara reitet 30-Meter-Welle. (*X*)
B 30-Meter-Welle wird geritten.

A Der Ärmelkanal wird in 11 Stunden und 40 Minuten <u>durchschwommen</u>.
B Margit Bohnhoff `durchschwimmt` den Ärmelkanal in 11 Stunden und 40 Minuten. (X)

d Wenn im Radio eine sportliche Höchstleistung gemeldet wird, möchte man als Hörer in der Regel erfahren, wer diese Leistung erreicht hat. Deswegen ist der Aktiv-Satz hier sinnvoller.

2 a, b
Ein Graffito wird auf den Bus der Nationalmannschaft gemalt.
Die Sieger beim Wasserhandball werden bejubelt.

Für das leibliche Wohl der Athleten wird gesorgt.
Die Medaille des Schwimmweltmeisters wird gestohlen.

Seite 58

Teste dich! – Aktiv und Passiv

1 a Der Brite Richard Branson (61) hat den Ärmelkanal mit einem Kitesurf erfolgreich überquert. Für die 48 Kilometer benötigte er knapp drei Stunden und war damit der älteste Kitesurfer, der jemals den Kanal überquerte. <u>Beim Kitesurfen wird der Sportler auf einem kleinen Surfbrett von einem Lenkdrachen über das Wasser gezogen.</u> Bereits 2004 hatte Branson sich in das Rekordbuch des Ärmelkanals eingetragen. Mit einem Amphibienfahrzeug überquerte er die 35 Kilometer lange Strecke von Dover nach Calais in einer Stunde und 40 Minuten. Der frühere Rekord lag bei rund sechs Stunden. <u>Er wurde von zwei Franzosen gehalten.</u>   *(je richtige Lösung 1 Punkt; höchste Punktzahl: 7 Punkte)*
b Er wurde von zwei Franzosen gehalten.   *(richtige Lösung 1 Punkt)*

2 a Die Ausrüstung von R. Branson wird transportiert. Der Start wird beobachtet.
Die Überfahrt wird gefilmt. Das Ziel wird nach etwa drei Stunden erreicht.
                (je richtige Lösung 1 Punkt; höchste Punktzahl: 4 Punkte)

3 a, b   Der Erfolg wird von `Branson und seinem Team` gefeiert. (Passiv)
Branson und sein Team feiern den Erfolg. (Aktiv)   *(je richtige Lösung 1 Punkt; höchste Punktzahl: a 1 Punkt, b 1 Punkt)*

Seite 59

Sätze und Satzglieder – Luftige Erfindungen

Satzglieder bestimmen und verwenden

1 a, b A <u>Sie</u> kann mit Hilfe einer besonderen Technik unter Wasser jagen. *(die Spinne)*
c B Unter Wasser kann <u>sie</u> mit Hilfe einer besonderen Technik jagen.
d A Sie kann mit Hilfe einer besonderen Technik unter Wasser jagen.
  B Unter Wasser kann sie mit Hilfe einer besonderen Technik jagen.
e Die beiden Sätze enthalten *ein zweiteiliges Prädikat*.

2 a, b Die Wasserjagdspinne nutzt `die Luft` auf besonders clevere Weise. Sie kann `ein Luftpolster` bilden, sobald sie ins Wasser eintaucht. Das hilft *der Spinne* beim Atmen und senkt `den Reibungswiderstand`. Mit Hilfe des Luftpolsters gelingt es *der Spinne* zudem, trocken zu bleiben. Dieses Prinzip könnte *der Schifffahrt* helfen: Eine entsprechende Beschichtung könnte `den Reibungswiderstand` senken.

Seite 60

Sätze verknüpfen

1 a, b
Einige Fische können fliegen, *denn* sie haben flügelartige Flossen. **X**
Einige Fische können fliegen, *denn* sie springen meterhoch aus dem Wasser. **X**
Einige Fische können fliegen, *denn* sie verstecken sich im Gefieder von Vögeln.

2 a Einige Tintenfische erinnern an Düsenjets, <u>weil</u> *sie tatsächlich in die Luft gehen. Blitzschnell schießen sie aus dem Meer empor,* <u>indem</u> *sie sämtliches Wasser aus ihren Körpern herauspressen. Bis zu zehn Meter weit lässt sie der Vortrieb „fliegen",* <u>obwohl</u> *Tintenfische keine Flügel haben. Sie plumpsen allerdings wieder ins Wasser zurück,* <u>wenn</u> *sie kein Wasser mehr im Tank haben.*
b Mein überarbeiteter Text besteht aus *Satzgefügen*.

Seite 61

Subjektsätze und Objektsätze verwenden

1 a <u>Der draußen Atmende</u> kann kondensierten Wasserdampf in der Luft als weiße Wolken sehen.
<u>Der Seifenblasen Herstellende</u> kann Luft in Blasen „fangen".
<u>Das draußen Dinge Aufwirbelnde</u> ist Luft in Bewegung.
<u>Das aus Schornsteinen mit der erwärmten Luft weiß Aufsteigende</u> sind winzige Wassertröpfchen.
b Wer draußen atmet, *kann kondensierten Wasserdampf in der Luft als weiße Wolken sehen.*

Wer *Seifenblasen herstellt, kann Luft in Blasen „fangen".*
Was draußen *Dinge aufwirbelt, ist Luft in Bewegung.*
Was *aus Schornsteinen mit der erwärmten Luft weiß aufsteigt, sind winzige Wassertröpfchen.*

2 Ich würde gerne wissen, *ob es Luft im Weltall gibt.*   Ich würde gerne wissen, wie *Fische atmen.*
Ich würde gerne wissen, *ob es Leben ohne Sauerstoff gibt.*

Seite 62

Relativsätze verwenden

1 – Man benötigt eine Glasschale, die *einen Durchmesser von 30 cm hat.*
– Man braucht ein Wasserglas, *das ohne Muster ist/kein Muster hat.*
– Man benötigt *Zeitungspapier, das zusammengeknüllt ist.*

2 Man drückt das Glas, *das* mit der Öffnung nach unten gehalten wird, auf das Wasser. Dann taucht man das Glas, in *dem* das Papier steckt, ins Wasser. Das Glas, *das* mit Luft gefüllt ist, bleibt leer. Und das Papier, *das* in dem Glas steckt, bleibt trocken. Das Experiment beweist: Luft ist ein Element, *das* ein Volumen hat und Raum einnimmt.

Seite 63

Attribute verwenden

1 a, b   – Die │weite│ Flaschenöffnung wird mit einem Stück Luftballon verschlossen.
– Die Konstruktion (mit einem Streichholz und einem Strohhalm) wird hoch- und niedergedrückt.
– Der äußere und untere Rand des Zettels wird mit „Hoch" und „Tief" beschriftet.
– Die │glatte│ Gummihaut wird nach unten gedrückt, wenn der Druck stärker wird.
– Die Position des Strohhalms zeigt an, ob das Wetter besser oder schlechter wird.

Seite 64

Im Labor (Teil 1) – Relativsätze ergänzen, Attribute bestimmen

1 a, b   – Das Mikroskop ist ein Gerät, (das) *Dinge vergrößert.*
– Die Pinzette ist ein Werkzeug, *mit* (dem) *man kleine Gegenstände greift.*
– Das Reagenzglas ist ein Behälter, (der) *Flüssigkeiten aufbewahrt.*
– Das Thermometer ist ein Werkzeug, *mit* (dem) *man die Temperatur misst.*
– Die Pipette ist eine Glasröhre, (die) *Flüssigkeiten einsaugt.*
– Der Glaszylinder ist ein Gegenstand, *mit* (dem) *man Flüssigkeiten umfüllt.*

2 a, b, c
A   Das (teure) Mikroskop vergrößert besonders gut. (Adj.)
B   Die Arbeit mit der (Pinzette) erfordert Geschicklichkeit. (Präp.)
C   Die Größe des (Reagenzglases) ist genau richtig. (Gen.)
D   Das Thermometer an der (Wand) ist ungenau. (Präp.)
E   Die Öffnung der (Pipette) ist fein. (Gen.)
F   Der (schmale) Glaszylinder hilft beim Umfüllen. (Adj.)

Seite 65

Im Labor (Teil 2) – Relativsätze bilden, Attribute einsetzen

1 Wir erklären den Versuch, durch *den* Luft sichtbar wird.   Du stellst Fragen, *die wir jetzt beantworten können.*
Wir erklären den Versuch, *der vorher immer wieder scheiterte.*   Wir fanden eine Lösung, *die uns überraschte.*
Du stellst Fragen, *mit denen wir nicht gerechnet haben.*   Wir fanden eine Lösung, *über die wir uns wunderten.*

2 z. B.: Die Entdeckung des neuen Planeten sorgt für eine Sensation. *Das Verschwinden des Eiffelturms wirft Fragen auf.* Das Auftauchen *eines Außerirdischen sorgt für Chaos.*
Die Lösung *eines tausend Jahre alten Rätsels überrascht die Wissenschaft.*

3 A   Der alte *Professor erklärt den Ablauf des Versuchs.*   B   *Das aufmerksame Publikum beobachtet den Ablauf.*
C   *Der komplizierte Versuch glückt.*

Seite 66

Adverbiale Bestimmungen verwenden

1 a   der Ventilator

b ... an der Decke = adverbiale Bestimmung des Ortes
   ... wegen starker Hitze = adverbiale Bestimmung des Grundes
   ... durch sich bewegende bzw. rotierende Metallblätter = adverbiale Bestimmung der Art und Weise
   ... 1902 = adverbiale Bestimmung der Zeit

c Wann wurde *der Ventilator erfunden?*   *Wo kann der Ventilator auch hängen?*
   Warum wurde der Ventilator gebaut?   *Wie* kühlt der Ventilator Raumluft?

2 Man legt einen eingeschalteten Ventilator *auf den Boden*. Die Ventilatorenblätter zeigen nach oben. *In den Windstrom* hält man einen leichten Ball. *Nach einer Weile* tanzt dieser *in der Luft*. Wie das funktioniert? *Auf Grund des Windstroms* wird der Ball hochgeblasen. Der Luftdruck gleicht aus und drückt dagegen. So wird der Ball *sicher* in seiner Position gehalten.

Seite 67

Adverbialsätze verwenden – Temporalsätze

1 a, b 1 Er hatte sich gut vorbereitet, bevor *er mit einem Heißluftballon flog.*

2 *Er genoss die Aussicht, während er mit einem Heißluftballon flog.*

3 *Nachdem* er mit dem Ballon geflogen war, *bejubelten ihn die Zuschauer.*

Seite 68

Adverbialsätze verwenden – Kausalsätze

1 z. B.: Katze Emily fliegt über den Atlantik, *weil sie zufällig in ein Flugzeug geraten war.*

2 Emilys amerikanische Besitzer waren traurig, weil *ihre Katze entlaufen war.*
Sie reiste mit dem Schiff nach Europa, weil sie beim Streunen in einen Schiffscontainer gelangt war.
Emily landete in einer Stadt in Frankreich, weil der Container dorthin transportiert wurde.
Ein Tierarzt konnte Emilys Besitzer anrufen, weil er die Telefonnummer auf dem Katzenhalsband fand.
Emily flog umsonst nach Hause, weil eine Fluggesellschaft das Ticket spendierte.

Seite 69

Adverbialsätze verwenden – Modalsätze

1 Der Heißluftballon fliegt, indem *Luft erhitzt wird.*
Das Luftkissenboot gleitet, indem *Luft unter den Schiffsboden geblasen wird.*
Das Auto fährt, *indem Druckluft den Motor antreibt.*

2 a, b Flugzeuge fliegen, indem sie den Auftrieb nutzen. Frisbeescheiben fliegen, indem sie kräftig in die Luft geworfen werden. Vögel fliegen, indem sie mit den Flügeln schlagen. Menschen fliegen, indem sie in ein Flugzeug steigen. Heißluftballons fliegen, indem Luft erhitzt wird.

Seite 70

Der Traum vom Fliegen (Teil 1) – Adverbialsätze bilden

1 a, b Ein gründliches Training ist nötig, *bevor* Sportler auf Skiern von riesigen Schanzen springen können. Für einen Absprung muss der Sportler in die Hocke gehen, *während* er die steile Anlaufspur hinabfährt. Er muss dann abspringen, *sobald* er den richtigen Punkt an der Kante des Schanzentisches erreicht hat. Die Landung muss eingeleitet werden, *wenn* der Sportler dem Hang nahe kommt. Für seinen Sprung erhält der Skispringer eine bestimmte Punktzahl, *nachdem* Sprungweite, Haltung und Windfaktor bewertet worden sind.

2 Der Skispringer gewinnt nach dem Start an Tempo, indem *er auf der Anlaufspur in die Hocke geht.*
Der Sportler schwebt auf einem Luftpolster, indem er seinen Körper zwischen die geöffneten Ski legt.
Der Athlet landet sicher, indem er die Arme spreizt und einen Ausfallschritt macht.

3 b Ich mag Skispringen, weil ich *den Nervenkitzel liebe.*
Mir gefällt Skispringen, *da ich meine Angst überwinden möchte.*
Skifliegen liegt mir, *weil ich einfach gern in der Luft bin.*

Seite 71

Der Traum vom Fliegen (Teil 2) – Adverbialsätze bilden

1 Sobald der Wagen mit der Winde an das Startbahnende gefahren ist, *wird das Seil aus der Winde herausgezogen. Nachdem das Seil am Flugzeug befestigt worden ist, zieht der Wagen mit der Winde das Seil an. Sobald das Flugzeug in der Luft schwebt,* hakt sich das Seil automatisch aus. Das Flugzeug steigt immer höher, *wenn* warme Luftmassen erreicht werden.

2 a Das Flugzeug hebt <u>durch das schnelle Einziehen des Windenseils</u> ab.
Das Flugzeug steigt <u>durch die Nutzung warmer Luftschichten</u> auf.
Das Flugzeug fliegt <u>durch die Umsetzung von Energie in Fluggeschwindigkeit</u>.

b *Das Flugzeug hebt ab, indem das Windenseil langsam eingezogen wird.*
Das Flugzeug steigt auf, indem warme Luftschichten genutzt werden.
Das Flugzeug fliegt, indem es Energie in Fluggeschwindigkeit umsetzt.

c Segelfliegen ist sehr beliebt, <u>weil</u> absolute Stille erlebt werden kann.

Seite 72

Texte überarbeiten

1 a, b

Wenn Schlangen fliegen Schlangen werden zu den Kriechtieren gezählt, weil sie in der Regel am Boden zu finden sind. Eine Schlangenart aber sticht hervor. Sie bewegt sich auf ungewöhnliche Weise fort. Die Schmuckbaumnatter aus Südostasien kann fliegen, obwohl sie keine Flügel besitzt. Forscher haben nun untersucht, wie sich die Schlangen in der Luft fortbewegen. Die Reptilien bewegen sich von Ast zu Ast. Sie machen ihren Körper platt und verdoppeln ihre Breite. Die Schlangen bewegen sich schnell hin und her. Die Schlangen nutzen den Auftrieb wie Flugzeuge. Durch die Anwendung dieser Technik fliegen die Schmuckbaumnattern bis zu 20 Meter weit. Ähnlich talentiert sind die Flughörnchen. Die Flughörnchen breiten zum Fliegen einfach ihre Hautfalten an den Beinen aus.	Komma: Satzgefüge mit Kausalsatz Satzreihe mit „denn" oder Satzgefüge mit „weil" möglich *Komma: Satzgefüge* *Komma: Abtrennung des Objektsatzes* *Modalsatz mit „indem" möglich* *Relativsatz mit „die" möglich* *Relativsatz mit „die" möglich*

Seite 72, 73

c Wenn Schlangen fliegen
Schlangen werden zu den Kriechtieren gezählt, weil sie in der Regel am Boden zu finden sind. Eine Schlangenart aber sticht hervor, *denn* sie bewegt sich auf ungewöhnliche Weise fort. Die Schmuckbaumnatter aus Südostasien kann fliegen, *obwohl* sie keine Flügel besitzt. Forscher haben nun untersucht, *wie* sich die Schlangen in der Luft fortbewegen. Die Reptilien bewegen sich von Ast zu Ast, *indem* sie ihren Körper platt machen und ihre Breite verdoppeln. Die Schlangen, *die* den Auftrieb wie Flugzeuge nutzen, bewegen sich schnell hin und her. Durch die Anwendung dieser Technik fliegen die Schmuckbaumnattern bis zu 20 Meter weit. Ähnlich talentiert sind die Flughörnchen, *die* zum Fliegen einfach ihre Hautfalten an den Beinen ausbreiten.

2 Das Verknüpfungswort „denn" eignet sich hier, weil im vorangegangenen Satz bereits die Konjunktion „weil" verwendet wurde.

3 a Der Satz … ist *ein Objektsatz*.
b Die Forscher haben nun das Fortbewegen der Schlangen in der Luft untersucht.

4 a <u>Durch die Anwendung dieser Technik</u> fliegen die Schmuckbaumnattern bis zu 20 Meter weit.
b Die Schmuckbaumnattern fliegen bis zu 20 Meter weit, <u>indem</u> sie diese Technik anwenden.

Seite 74

Teste dich! – Adverbialsätze

1 a, b Das Flugzeug wird stark beschleunigt, *während* es über die Startbahn fährt . Die Luft wird durch die Tragflächen geteilt, *indem ein* Teil der Luft über die Tragfläche, ein anderer Teil unter der Tragfläche entlangfließt. Dabei hat die Luft auf der oberen Seite einen längeren Weg, *weil/da* die Tragfläche oben gewölbt ist. Das Flugzeug fliegt, *indem* es diese beiden Luftströmungen nutzt. Es hebt schließlich ab, *da/weil* die Luft an der Unterseite einen stärkeren Druck ausübt als die an der Oberseite.
(je richtige Lösung 1 Punkt; höchste Punktzahl: a 5, b 5 Punkte)

2 a 1903 sorgten die Brüder Wright für eine Sensation, *als* sie mit dem ersten Motorflugzeug in die Luft stiegen.
(richtige Lösung 1 Punkt)

b Bis heute sind die Brüder Wright berühmt, *weil* sie das erste Motorflugzeug der Welt bauten.
(richtige Lösung 1 Punkt)

c Der Propeller des ersten Motorflugzeugs drehte sich, *indem* er über eine Kette von einem Motor angetrieben wurde.
(richtige Lösung 1 Punkt)

Rechtschreibung

Seite 75

Das kann ich schon! – Rechtschreibstrategien

1 (W) Schwingen: der Schlüssel, die Winde, der Himmel, die Ernte

(V) Verlängern: der Zug, das Pfund, der Zwerg, gesund

(Z) Zerlegen: die Erdkugel, die Wegbeschreibung, der Ballkünstler, die Gesundheitstage

(A) Ableiten: die Zähne, die Zäune, die Gemäuer, aufräumen

(je richtige Lösung 1 Punkt; höchste Punktzahl: 16 Punkte)

2 (W) Schwingen (A) Ableiten (Z) Zerlegen (V) Verlängern

(je richtige Lösung 1 Punkt; höchste Punktzahl: 4 Punkte)

3 a, b

(W) die Liebe, die Siebe, der Winter, zieren, sieben, wiegen, liegen

(V) zieht, kriecht, fließt, ziert, viel, schwimmt

(Z) die Ziernaht, die Fließgeschwindigkeit, der Siebdruck, die Zielgerade

(je richtige Lösung 1 Punkt; höchste Punktzahl: a 17 Punkte; b 3 Punkte)

Seite 76

4 a zu korrigieren sind: Grußkarte, Grüßen, ließ, verdrießlich Verdruss, draußen, Straße, Straßenlaterne, Maßband, messen
b Fehler in der s-Schreibung. *(je richtige Lösung 1 Punkt; höchste Punktzahl: a 10 Punkte; b 1 Punkt)*

5 a zu korrigieren sind: traditionellen, Schnitzeljagd, versteckt, Freizeitspaß, Verstecker, Schatzes, Stelle, veröffentlicht
b Fehler in der Schreibung des *Doppelkonsonanten*. *(je richtige Lösung 1 Punkt; höchste Punktzahl: a 8 Punkte; b 1 Punkt)*

6 a zu korrigieren sind: der Schatz, einem Behälter, Tauschgegenstände, der Finder, seinen Fund, Versteck, der Spaß, das Bewegen, einen sinnvollen Ausgleich, zum langen Sitzen
b Der Fehlerschwerpunkt: *Großschreibung* *(je richtige Lösung 1 Punkt; höchste Punktzahl: a 10 Punkte; b 1 Punkt)*

Seite 77

Rechtschreibstrategien anwenden – Fehler vermeiden

Strategie Schwingen – Wörter deutlich in Silben sprechen

1 a Kuchen, Maler, Regel, Kirsche, Dose, sauer, Bauern, Höfe, Pinsel, Hefte, Seife, Hose

b z. B.: Seifendose, Malerpinsel, Bauernhöfe, Regelhefte, Kuchendose, Sauerkirsche

2 Man spricht in beiden Sprachen *kw*. Im Niederländischen schreibt man *kw*, im Deutschen *qu*.

3 die Quote, das Quadrat, die Quetschung, die Quelle, bequem, der Äquator, das Quantum, die Quittung, quetschen, das Quittenbrot, quietschen, der Querschnitt, die Quaste

Seite 78

Strategie Verlängern – Einsilber und unklare Auslaute

1 anzukreuzen sind: der Gepard, der Leopard, der Hund, hell, rund, mild, müd, lebt, hebt, schwimmt, summt

2

Nomen: die …	Adjektive: … er als	Verben: wir …
die Geparden, die Leoparden, die Hunde	heller als, runder als, milder als, müder als	wir leben, wir heben, wir schwimmen, wir summen

3 a, b zu unterstreichen wären: wird (Z. 2) – wir werden, häufig (Z. 2) – häufiger als, nennt (Z. 4) – wir nennen, genutzt (Z. 6) – wir nutzen, viereckig (Z. 6) – eckiger als, zeigt (Z. 6) – wir zeigen, Pferd (Z. 7) – die Pferde, geht (Z. 9) – wir gehen, muss (Z. 12) wir müssen, Wurfhand (Z. 12) – die Wurfhände, Geschick (Z. 14) – die Geschicke, wird (Z. 16) – wir werden, festlegt (Z. 17) – wir legen fest, Sieg (Z. 17) – die Siege, nötig (Z. 17) – nötiger als, Glück (Z. 22) – glücken, kann (Z. 22, 23) – wir können, Schritt (Z. 22, 23) – die Schritte, gewinnt (Z. 23) – wir gewinnen, ankommt (Z. 24) – wir kommen an

Seite 79

Einsilbige Verbformen verlängern

1 a kennt lebt rennt nennt kommt knurrt bellt kriegt birgt erlebt
verlebt belebt bekennt erkennt benennt erstellt versagt beklebt

b X Das *t* am Wortende gehört zu der Verbform.   X Die unklare Stelle liegt vor dem *t*.

c wir kennen, wir leben, wir rennen, wir nennen, wir kommen, wir knurren, wir bellen,
wir kriegen, wir bergen, wir erleben, wir verleben, wir beleben, wir bekennen, wir erkennen, wir benennen, wir erstellen,
wir versagen, wir bekleben

2 a, b

										leben
1	G	E	L	E	B	T				leben
2	G	E	S	A	G	T				sagen
3	G	E	T	R	A	B	T			traben
4		E	R	L	A	U	B	T		erlauben
5	G	E	K	R	A	L	L	T		krallen
6	G	E	F	R	A	G	T			fragen
7	G	E	K	N	A	L	L	T		knallen
8		E	R	K	A	N	N	T		erkennen
9	G	E	P	R	Ä	G	T			prägen
10	G	E	S	C	H	L	E	P	P	T	schleppen
11	G	E	S	C	H	N	A	P	P	T	schnappen
12	A	U	S	G	E	F	L	I	P	P	T	(aus)flippen
13	B	E	S	T	E	L	L	T			bestellen
14	G	E	S	C	H	A	B	T			schaben
15	G	E	S	T	E	L	L	T			stellen

Seite 80

Strategie Zerlegen – Zusammengesetzte Wörter

1 a, b, c zerlegen muss man: Wind\beutel – die Winde, Pfann\kuchen – die Pfanne,
Sand\kuchen – die Sande, Land\brot – die Länder, Voll\kornbrot – voller als, Wild\braten – wilder als, Rind\fleisch – die Rinder,
Kalb\fleisch – die Kälber, Lamm\wurst – die Lämmer

2 a

Nomen	Adjektive
die Landschaft, die Freundschaft, die Feindschaft, die Kindheit, die Wildheit, die Wildnis	landlos, freundlich, standhaft, tugendhaft, lieblich, lieblos, rundlich

b die Länder, die Freunde, die Feinde, die Kinder, wilder als, die Stände, die Tugenden, lieber als, runder als

3 z. B.: Die *freundliche Landschaft* kenne ich seit der *Kindheit*.

Seite 81

Strategie Ableiten – Wörter mit *ä* und *äu*

1 a A Die Sonne scheint im Sommer **alljährlich prächtig** vom Himmel.
B Das **Kätzchen** schnurrt und **hält** das **glänzende Näschen** in die Sonne.
C Damit die **Gärten gesäubert** werden können, brauchen die **Gärtner** gutes Wetter.
D Die **älteren Bäume** spenden den **Käuzchen** gute **Lebensräume.**

b

Wörter mit *ä* – Beweiswort mit *a*	Wörter mit *äu* – Beweiswort mit *au*
das Jahr, die Pracht, die Katze, halten, der Glanz, die Nase, der Garten, alt	sauber, der Baum, der Kauz, der Lebensraum

2 Verwandtes Wort mit *a* oder *au*	Merkwort
Ausläufer – auslaufen, häufig – Haufen, Betäubung – taub, Geräusch – rauschen, Bestäubung – Staub, äußerlich – außen, säuerlich – sauer, einäugig – Auge, Wiederkäuer – kauen, Häsin – Hase, täglich – Tag, bäuerlich – Bauer	Ähre, Äquator, Ägypten, Knäuel, Käfer, Käse, fähig, während, bewältigen

3 z. B. Auch in *Ägypten* gibt es *Käse*. *Während* ich schlief, träumte ich von einem *Käfer*. ...

Seite 82

Strategiewissen anwenden (Teil 1) – Pferde in der Mongolei

1 a richtige Schreibungen sind: So*mm*erzeit, Vordergrun*d*, Bogenschießen, Pferdere*nn*en, gleichzeiti*g*, gro*ß*e, ausländischen, verfolg*t*, Ro*ss*, ungefährlich

    b Schwingen: Sommerzeit, Bogenschießen, Pferderennen, große
    Verlängern: Vordergrund – Vordergründe, gleichzeitig – zeitiger als, verfolgt – verfolgen, Ross – Rösser
    Ableiten: ausländischen von Ausland, ungefährlich von Gefahr

2 kö*nn*en, zei*g*en, wichti*g*, trä*g*t, bewälti*g*t, le*b*t, Gra*ss*teppe, mu*ss*

3 a, b

    Schwingen: Pferdere*nn*en (Z. 5), Altersgruppen (Z. 7), bestri*tt*en (Z. 7), tre*ff*en (Z. 13)

    Verlängern: Flu*ss* (Z. 10) – die Flüsse, wi*ll* (Z. 16) – wir wo*ll*en

    Zerlegen: We*tt*bewerb (Z. 4) – die We*tt*e, Re*nn*pferde (Z. 14) – wir re*nn*en

    Ableiten: fä*ll*t (Z. 1) – fa*ll*en, dreitä*g*ig (Z. 2) – Ta*g*e, *ä*lteren (Z. 7) – *a*lt, gefährlich (Z. 17) – Gefahr

Seite 83

Strategiewissen anwenden (Teil 2) – Pferde in der Mongolei

1 a ke*nn*en (Z. 3), lä*ss*t (Z. 3) kö*nn*en (Z. 5), kräfti*g* (Z. 6), Fe*ll* (Z. 6), zotteli*g* (Z. 6), Verhältnis (Z. 7), gewi*nn*en (Z. 12), härteste (12), eiskalten (Z. 15), weni*g* (Z. 16), Gra*s* (Z. 16)
    b Bei den meisten Fehlern hilft das *Verlängern*.

2 a Während (Z. 1), Ru*nd*zelte (Z. 2), Gra*d* (Z. 3), erbärmlich (Z. 4) – Erbarmen, wärmend (Z. 7) – warm, *ä*lter (Z. 7) – *a*lt, ärmlich (Z. 9) – *a*rm
    b Besonders häufig wurden nicht beachtet: *Ableitungsfehler*.

3 Schwingen: geri*tt*en (Z. 3), Hufgetra*pp*el (Z. 13)
    Ableiten: *ä*lter (Z. 5) – *a*lt, ungefährlich (Z. 9) – Gefahr
    Verlängern: hü*ll*t (Z. 1) – hü*ll*en, a*ll*ein (Z. 5) – a*ll*e, Galo*pp* (Z. 8) – wir galo*pp*ieren, ko*mm*t (Z. 15) – wir ko*mm*en, to*b*t (Z. 12) – wir to*b*en
    Zerlegen: Reiter\gespa*nn* (Z. 14; die Gespa*nn*e), Re*nn*\ende (Z. 14 f.; wir re*nn*en)

Seite 84

Teste dich! – Strategiewissen

1 richtige Antworten:
Schwingen ist die Strategie des Mitsprechens. Man schreibt, wie man spricht.
Verlängern ist die Strategie für das Wortende.
Verlängern ist die Strategie für einsilbige Wörter.
Zerlegen muss man zusammengesetzte Wörter, um Verlängerungsstellen herauszufinden.
Ableiten heißt, verwandte Wörter zu suchen.
Ableiten gilt nur für Wörter mit ä und äu.   *(je richtige Lösung 1 Punkt; höchste Punktzahl: 6 Punkte)*

2 a, b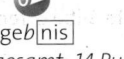

    Wal*d*\bran*d*\gefahr   Schu*h*\sohlen   En*d*\rundenzeit   Win*d*\richtung   Han*d*\ba*ll*\hal*b*\zeitergeb<u>nis</u>
    (je richtige Lösung 1 Punkt; höchste Punktzahl: a 5 Punkte; b 9 Punkte; gesamt: 14 Punkte)

3

 Verlängern	 Zerlegen	Ableiten
übri*g* (Z. 12), Schni*tt* (Z. 23), so*ll* (Z. 23, 26), schlu*g* (Z. 25)	Wettkampfform (Z. 2), Ringkampf (Z. 5), Bil*d*schirm (Z. 8), E*nd*runde (Z. 11 f.)	Männer (Z. 3), läuft (Z. 5), Plätze (Z. 6), Jäckchen (Z. 21), verändert (Z. 28), auffälligen (Z. 30), mächtigen (Z. 31)

(je richtige Lösung 1 Punkt; höchste Punktzahl: 16 Punkte)

Seite 85

Rechtschreibung verstehen – Regeln anwenden

Doppelte Konsonanten – Achte auf die erste Silbe

1 a, b
  A Wenn die erste Silbe offen ist, spricht man den Vokal *lang*.
  B Wenn die erste Silbe geschlossen ist, spricht man den Vokal *kurz*.

2 a, b

Erste Silbe *offen*	Erste Silbe *geschlossen*	
	Zwei *verschiedene* Konsonanten	Zwei *gleiche* Konsonanten
ha ben, *der Ha ken, der Ha fen, der Ha se, hei ter, ho len*	haf ten, *die Häl se, hal ten, hin ken blin ken*	hal len, *häm mern, der Ham mel, has sen, der Him mel, die Hen ne*

3 *l/ll:* bel*l*t – denn: *bellen*   mal*t* – denn: *malen*
  m/mm: hem*m*t – denn: *hemmen*   kom*m*t – denn: *kommen*
  n/nn: nen*n*t – denn: *nennen*   meint – denn: *meinen*
  f/ff: hof*f*t – denn: *hoffen*   schaf*f*t – denn: *schaffen*

Seite 86

4 a

B	U	N	D	E	S	I	N	N	E	N	M	I	N	I	S	T	E	R	I	U	M
				A	L	L	T	A	G	S	S	O	R	G	E	N					
				A	N	T	R	I	T	T	S	R	E	D	E						
			M	E	T	A	L	L	G	I	T	T	E	R							
R	A	B	A	T	T	M	A	R	K	E	D	R	U	C	K	M	I	T	T	E	L
		F	E	T	T	V	E	R	B	R	E	N	N	U	N	G					
			T	E	M	P	O	O	B	E	R	G	R	E	N	Z	E				
		T	R	I	T	T	S	I	C	H	E	R	H	E	I	T					
			N	A	T	I	O	N	A	L	M	A	N	N	S	C	H	A	F	T	
					P	R	O	G	R	A	M	M	P	U	N	K	T	E			
				B	R	E	N	N	H	O	L	Z	S	U	C	H	E				

b zerlegen muss man: Alltagssorgen – alle, Antrittsrede – die Tritte, Metallgitter – die Metalle, Rabattmarke – die Rabatte, das Druckmittel – drucken, Fettverbrennung – die Fette, Trittsicherheit – die Tritte, Nationalmannschaft – die Männer, Programmpunkte – die Programme, Brennholzsuche – brennen

5 a, b

Schwingen	Verlängern	Zerlegen
rol*l*en (Z. 4), kön*n*en (Z. 4), Mi*t*te (Z. 9), gewon*n*en (Z. 13), im*m*er (Z. 13), geschos*s*en (Z. 13)	ka*nn* (Z. 2), Ba*ll* (Z. 4), mu*ss* (Z. 4), geste*ck*t (Z. 4), beko*mm*t (Z. 5), ro*ll*t (Z. 11), Schu*ss* (Z. 11)	Sandfußba*ll* (Überschrift), Stöckchen (Z. 1, 4), Fußba*ll*feld (Z. 3), Fußba*ll*spieler (Z. 6)

Seite 87

s oder ss? – Achte auf die erste Silbe

1 a, b

Erste Silbe offen	Erste Silbe geschlossen	
	Zwei verschiedene Konsonanten	Zwei gleiche Konsonanten
die Ha sen, *die Va se, das We sen, der Kä se, die Ro se, die Do se, die Ho se*	has ten, die *Bin se, die Leis te, die Res te, die Brem se, die Gäs te, die Gäm se, der Pin sel*	has sen, *die Bis se, die Kis sen, die Ris se, die Küs se, das Wis sen, fas sen*

2 a Man muss sich die Vorsilbe *miss-* merken, weil man sie nicht verlängern kann und sie trotzdem mit doppeltem s geschrieben wird.
  b *miss*verstehen, *miss*fallen, *miss*achten, das *Miss*behagen, *miss*gönnen, *miss*raten, *miss*brauchen, *miss*billigen

Seite 88

s oder *ß*? – Summend oder zischend

1 a, b

2 a

Erste Silbe offen – summendes *s*	Erste Silbe offen – zischendes *s*
die Dose, die Hose, die Lose, die Wiesen, der Kiesel, das Wiesel	die Soße, außen, draußen, gießen, schweißen, süßen, fließen, die Füße
niest – niesen, reist – reisen, grast – grasen, preist – preisen	gießt – gießen, fließt – fließen, reißt – reißen, heißt – heißen, grüßt – grüßen, schmeißt – schmeißen, beißt – beißen

b z. B.: Wenn es draußen in Strömen regnet, fließt das Wasser als braune Soße durch unseren Garten.

3 Schweiß\gerät – denn: schweißen Floß\paddel – denn: die Flöße
Schmeiß\fliege – denn: schmeißen Gruß\karte – denn: die Grüße
Schoß\hund – denn: die Schöße Spaß\veranstaltung – denn: die Späße
Heiß\luftballon – denn: heißer
richtig geschrieben sind: Fleischpreis, Grassamen, Eissorte

Seite 89

ss und *ß* in einer Wortfamilie – Achte auf die erste Silbe

1

Infinitiv	Präsens	Präteritum	Nomen
fließen	es fließt – denn: fließen	er floss – denn: flossen	der Fluss – denn: die Flüsse
gießen	*er gießt – denn: gießen*	*es goss – denn: gossen*	*der Guss – denn: die Güsse*
reißen	*er reißt – denn: reißen*	er riss – denn: rissen	*der Riss – denn: die Risse*
schießen	*er schießt – denn: schießen*	*er schoss – denn: schossen*	der Schuss – denn: die Schüsse
messen	er misst – denn: messen	*er maß – denn: maßen*	*das Maß – denn: die Maße*

2 die Gießkanne – denn: *gießen* das Gusseisen – denn: *die Güsse*
die Rissanfälligkeit – denn: *die Risse* die Reißleine – denn: *reißen*
das Schießpulver – denn: *schießen* die Schusslinie – denn: *die Schüsse*
die Messlatte – denn: *messen* der Maßschneider – denn: die Maße

3 a, b

Der Fußballer schoss den Ball mit großer Wucht ins Tor. Weil der Torwart gedöst hatte, konnte der Schuss zu einem

guten Abschluss gebracht werden. Der Schütze ließ sich ins Gras fallen und genoss den Beifall der begeisterten Zuschauer.

Seite 90

i oder *ie*? – Achte auf die erste Silbe

1 a, b, c

Erste Silbe offen	Erste Silbe geschlossen	
	Zwei verschiedene Konsonanten	Zwei gleiche Konsonanten
schie ben, lieg en, schie len	hin dern, sin gen, win seln, bin den, lin dern, mil dern	his sen, mis sen, wis sen
Man spricht das *i* lang.	Man spricht das *i* kurz.	Man spricht das *i* kurz.

2 das Rind – denn: *die Rinder* der Dieb – denn: *die Diebe*
das Sieb – denn: *die Siebe* das Ziel – denn: *die Ziele*
der Riss – denn: *die Risse* der Biss – denn: *die Bisse*
der Trieb – denn: *die Triebe* das Tier – denn: *die Tiere*

Seite 91

Der *i*-Laut in Merk- und Fremdwörtern – Achte auf die Silbenzahl

1 a, b

Zweisilber	Mehrsilber
Kino, Kilo, Biber, Primel, Tiger, Bibel, Zivil, Silo	Tiramisu, Limonade, Termiten, Pantomime, Zitrone, Apfelsine, Bibliothek, Giraffe

Zweisilber = Merkwörter

2

Wörter mit *-ie*	Wörter mit *-iert*	Wörter mit *-ieren*
Garantie, Harmonie, Regie, Strategie, Melodie	garantiert, harmoniert, marschiert, regiert, buchstabiert, fundiert, pikiert, poliert, studiert	garantieren, harmonieren, marschieren, regieren, buchstabieren, fundieren, pikieren, polieren, studieren

3 Dieses Spiel wird in Indonesien traditionell von Mädchen gespielt, gilt aber auch in anderen Ländern als sehr beliebt. Alle Spieler haben die gleiche Anzahl von Spielsteinen, z. B. Kiesel oder Nüsse. Zu Beginn verteilt ein Spieler alle Steine willkürlich vor sich auf dem Boden. Nur einen Stein behält man, den Kokojo. Diesen legt man auf den eigenen Handrücken und wirft ihn hoch in die Luft. Solange sich der Stein in der Luft befindet, muss man möglichst viele seiner Steine einsammeln. Dann muss man den Kokojo wieder auffangen, bevor er auf den Boden fällt. Dies ist wirklich nicht einfach und gelingt erst nach mehreren Versuchen. Es gewinnt, wer als Erstes alle Steine einsammeln konnte und erst danach den Kokojo wieder auffängt. Man kann über die Zahl der Spielsteine den Schwierigkeitsgrad steuern.

Seite 92

Wörter mit *h* – Hören oder merken

1 a, b

Die Fahrer fahren die Autos in die Werkstatt. Wir gehen in die Eisdiele und schlecken ein Eis mit Sahne.

Die Ärzte ziehen die Zähne heute nicht mehr so schnell wie früher.

2 a, b Merkwörter sind: der Rahm, der Lohn, der Zahn, zahm, sehr, der Kahn
Verlängerungswörter sind: sprüht – sprühen, das Reh – die Rehe, geh – gehen, o weh – wehe

3 (1) erzählen: der Erzähler, erzählt, das Erzählgerüst
(2) rühren: gerührt, das Rührgerät, der Rührstab, der Rührkuchen
(3) wehren: wehrhaft, der Wehrdienst, wehrlos, die Wehrpflicht
(4) wählen: er wählt, das Wahljahr, der Wähler, die Wählscheibe, das Wahlergebnis
(5) bohren: die Bohrinsel, die Bohrmaschine, der Bohrer, das Bohrloch, gebohrt

4 a, b

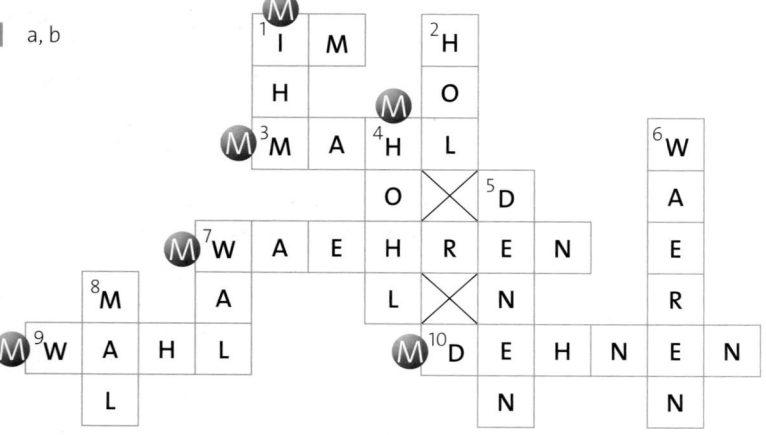

Seite 93

Teste dich! – Regelwissen

1 richtig sind Aussage: B, C, E, F, G

falsch sind Aussage: A, D
(je richtige Lösung 1 Punkt; höchste Punktzahl: 7 Punkte)

2 können (Z. 1), essen (Z. 1), satt (Z. 2), Trick (Z. 2), Nimm (Z. 2), Stückchen (Z. 2), Zettel (Z. 3), Notizblock (Z. 3), soll (Z. 3), umwickelst (Z. 4), Gummiband (Z. 5), kannst (Z. 5), fallen (Z. 5) *(je richtige Lösung 1 Punkt; höchste Punktzahl: 13 Punkte)*

3 Essen (Z. 1), speist (Z. 1), meistens (Z. 1), Großfamilie (Z. 2), Wasser (Z. 3), große (Z. 3), Schüssel (Z. 3), Reis (Z. 3), Soße (Z. 4, 7), isst (Z. 4), Messer (Z. 5), gegessen (Z. 5), muss (Z. 7) *(je richtige Lösung 1 Punkt; höchste Punktzahl: 14 Punkte)*

Seite 94

Groß- und Kleinschreibung – Nomen schreibt man groß

Nomenproben anwenden

1 *die* Ostküste, *die* Insel, *die* Welt, *die* Zeit, *der* Packeisgürtel, *die* Gegenden, *die* Jahreshälfte, *die* Versorgungsschiffe, *das* Land, *die* Einwohner, *das* Dorf, *die* Siedlung, *die* Kleinstadt, *die* Gemeinde, *die* Menschen, *die* Fläche, *die* Spur, *der* Weg, *der* Winter, *die* Spur, *der* Hundeschlitten, *die* Skiwanderer, *die* Schneemobile, *die* Richtung

2 a Man kann nicht verstehen, um was es geht.

b +

3 a, b, c Die *Ostküste* der größten Insel der Welt ist die meiste *Zeit* des Jahres durch einen gigantischen Packeisgürtel isoliert. Sie ist eine der unwirtlichsten und dennoch besiedelten Gegenden der Welt. Nur in der wärmeren Jahreshälfte können *Versorgungsschiffe* (= *die* Versorgungsschiffe) bis zum *Land* vordringen. Wenige *Einwohner* leben in dem *Dorf* Tiniteqilaaq, damit ist die *Siedlung* hier schon eine mittlere Kleinstadt : Denn insgesamt leben in der gesamten Gemeinde Ammassalik nur etwa dreitausendfünfhundert *Menschen*. Ihre *Fläche* aber ist größer als Deutschland. Keine *Spur*, kein *Weg* führt nach Tiniteqilaaq. Im *Winter* ist es nur eine *Spur* der *Hundeschlitten*, *Skiwanderer* (= *die* Skiwanderer) und *Schneemobile* (= *die* Schneemobile), die die *Richtung* weist.

Seite 95

Nomenendungen erkennen

1 a, b

			U	M	G	E	B	E	N				
		F	R	E	U	N	D	R	E	I	C	H	
	F	R	E	U	N	D	L	I	C	H			
		E	R	E	I	G	N	E	N	L	A	N	D
			B	R	A	U	C	H					
B	I	T	T	E	R			I	R	R	E	N	
		Ü	B	E	R	R	A	S	C	H	E	N	
	A	U	S	G	R	A	B	E	N				
E	R	Z	E	U	G	E	N	E	I	G	E	N	
	H	E	I	T	E	R	F	I	N	S	T	E	R
E	R	B	E	N			E	I	N	S	A	M	
		E	R	L	E	B	E	N					
						D	U	N	K	E	L		
N	A	C	H	S	I	C	H	T	I	G			

Umgebung
Freundschaft, Reichtum
Freundlichkeit
Ereignis, Landschaft
Brauchtum
Bitterkeit, Irrtum
Überraschung,
Ausgrabung
Erzeugnis, Eignung
Heiterkeit, Finsternis
Erbschaft, Einsamkeit
Erlebnis
Dunkelheit,
Nachsichtigkeit

2 zu markieren sind: Finsternis (Z. 2), Erleuchtung (Z. 3), Bedeutung (Z. 4), Dunkelheit (Z. 4) f.), Vorstellung (Z. 5), Sonnenlosigkeit (Z. 7), Landschaft (Z. 9), Gemütlichkeit (Z. 10), Geborgenheit (Z. 12), Helligkeit (Z. 14), Behaglichkeit (Z. 16), Geselligkeit (Z. 17), Gastfreundsschaft (Z. 17), Abwechslung (Z. 19), Einsamkeit (Z. 23)

Seite 96

Aus Verben und Adjektiven Nomen bilden

1 a Nahrung (Z. 3 u. 6), Erfahrung (Z. 5), Verfügung (Z. 5), Erhaltung (Z. 7), Ernährung (Z. 8), Ergänzung (Z. 21 f.)
b – als Nomen gebrauchte Verben: ums Überleben (Z. 2), das Beschaffen (Z. 3), das Garen (Z. 9), ein Ausgleichen (Z. 11 f.), das Sammeln (Z. 21)
  – als Nomen gebrauchtes Adjektiv: das Wichtigste (Z. 8)

2 a gemeinsames Thema: die Verhinderung von Mangelerscheinungen durch die Ernährung der Inuit.
b z. B.: Um Skorbut zu verhindern, ist das *Vorsorgen* wichtig.
  Adam fiel das *Herunterwürgen* der Nahrung schwer.

Seite 97

Teste dich! – Groß- oder Kleinschreibung?

1 a *Stunden* (Z.1), *Allut* (Z.2), *Qortog* (Z.3, 8), *Pipaluk* (Z.3, 7) *Schneehaus* (Z.4), *Hilfsangebote* (Z.5), *Seehundfelle* (Z.8), *Fängen* (Z.8), *Bänke* (Z.10), *Schnee* (Z.10), *Innenwand* (Z.10), *Illuliaq* (Z.11), *Docht* (Z.12), *Schale* (Z.12), *Seehundfett* (Z.13), *Felle* (Z.13), *Geruch* (Z.15), *Schneebänke* (Z.17), *Bienenkorb* (Z.18

(je richtige Lösung 1 Punkt; höchste Punktzahl: 19 Punkte)

    b – Adjektive als Begleiter: *früheren* Fänge (Z.8 f.), *kleinen* Schale (Z.12), *strengen* Geruch (Z.15), *kleinen* Bienenkorb (Z.18)

        – Zahlwörter als Begleiter: *drei* Stunden (Z.1), *kein* Allut (Z.1 f.), *alle* Hilfsangebote (Z.5)

(je richtige Lösung 1 Punkt; höchste Punktzahl: 3 Punkte)

    c *kein* Allut = unbestimmtes Zahlwort; *des* Illuliaq = Artikel

(je richtige Lösung 1 Punkt; höchste Punktzahl: 2 Punkte)

2 a die Schneeland*schaft* (Z.2), die Verwend*ung* (Z.5), die Neig*ung* (Z.11)

    b – als Nomen gebrauchte Verben: das Bauen (Z.1), das Suchen (Z.2), das Zeichnen (Z.3), das Ausschneiden (Z.6 f.)

        – als Nomen genutztes Adjektiv: das Beste (Z.11)

(je richtige Lösung 1 Punkt; höchste Punktzahl: a 3 Punkte; b 5 Punkte; gesamt: 8 Punkte)

3 a, b *die* Blocklinie (Z.1), *drei* Spiralen (Z.3), *viele* Iglubauer (Z.4), *die* Neigung (Z.8), *die schmale* Seite (Z.11), *viele* Löcher (Z.12), *alle* Öffnungen (Z.13), *der* Schluss (Z.14), *der* Eingang (Z.15), *die warme* Luft (Z.16)

(je richtige Lösung 1 Punkt; höchste Punktzahl: a 10 Punkte; b 3 Punkte, gesamt: 13 Punkte)

Seite 98

Getrennt- und Zusammenschreibung – Achte auf die Wortarten

1 z.B.: die Petroleumlampen, die Wunderkerzen, die Bilderrahmen, die Kinderrechte, die Kerzendochte, die Rosinenbrote, die Lichterkette, die Morgensonne, die Rockfalte

2 wasserblau, tiefblau, himmelblau, hellblau, kornblumenblau, schwarzblau, feuerrot, tomatenrot, blutrot, dunkelrot, backsteinrot, alarmrot

3 a, b z.B.:

um\herfahren, loslaufen   umgehen, beispringen
ausgehen, anfahren, ablassen   herablassen
danebenspringen, dalassen   vorfahren, weglaufen
hin\aufgehen   entgegenlaufen
einlaufen, mitlaufen   her\anfahren, herumspringen
auffahren
zu\rückspringen
her\unterspringen

Seite 99

Zusammenschreibung – Ein Landeswettbewerb

1 a, b z.B.:

A Nomen + Nomen	B Nomen + Adjektiv C Adjektiv + Adjektiv	D unveränderliches Wort + Verb
Kornblumenfeld, Kornblumenblüte, Wasserlinie, Schlangenbiss, Hagelkörner, Regentropfen	B: kornblumenblau wasserblau, kohlschwarz, himmelblau, blütenweiß C: hellblau, dunkelblau, mittelblau, schwarzblau	angehen, hingehen, losgehen, weitergehen, zurückrennen

2 A: Landeswettbewerb, Startschuss, Startergruppe   B: kristallklar, azurblau
   C: superschnell   D: loslaufen, davonklettern, hinaufquälen

3 Rennläufer, überquert, Ziellinie, Sportwettbewerb, Chance bieten, überleben, erfolgreiches, anlocken

Seite 100

Getrenntschreibung – *da sein* und *Dinge erledigen*

1 z.B.: Fahrrad fahren, Kartoffel schälen, Hausaufgaben machen, Tisch decken, Socken stricken, Kerzen anzünden, Karten lesen, Tennis spielen, Zimmer aufräumen, Aufgaben lösen

2 a z.B.: einkaufen müssen, bleiben müssen, laufen üben, lernen lassen, schwimmen lassen, putzen wollen, vorsingen lassen, denken wollen, stehen müssen

b **A** Der Lehrer meint, dass die Kinder nicht *üben mögen, lernen wollen, denken mögen* …
B Karina und Cara mögen nicht daran denken, dass sie *arbeiten müssen, lernen müssen* …
C Luis und Mustafa kriegen gute Laune, weil sie *schwimmen gehen, einkaufen gehen* …

3

aus	fertig	hinüber
zusammen	bereit	dabei
zurück	da, vorbei	an, auf, hier

Seite 101

Getrenntschreibung – *Fahrrad fahren* und *schwimmen gehen*

1 + 2 z. B.

A **Nomen + Verb**	B **Verb + Verb**	C **Verbindungen mit „sein"**
Betten machen, Gemüse kochen	grillen müssen, laufen wollen, schwimmen üben	dabei sein, fertig sein
Hausaufgaben machen, Fahrrad fahren	kommen möchtest, schwimmen gehen	da sein, zurück sein

3 **A** Wenn ich von der Arbeit komme, muss ich meine *Kleidung auslüften*, weil sie riecht.
B Für das Abendbrot werde ich den *Tisch decken*, damit ich mit meiner Familie zusammen *essen kann*.
C Ich will nicht ständig *genervt sein* und ich will auch nicht immer Rücksicht *nehmen müssen*.

Seite 102

Teste dich! – Getrennt oder zusammen?

1 Auslandstouristen (Z. 3), Naturschönheit (Z. 3 f.), Berglandschaft (Z. 4), Provinzhauptstadt (Z. 5), Reiseknotenpunkt (Z. 5 f.), Wintersport (Z. 7), Bergführer (Z. 11), Skilehrer (Z. 11), Bergretter (Z. 11), Lebensgrundlage (Z. 12)

(je richtige Lösung 1 Punkt; höchste Punktzahl: 10 Punkte)

2 Skigebiet, aufzubauen, Bergbewohnern, liegen bleiben, zuständig sind, ankurbeln, unterstützen, anlocken, erfolgreich, vorbereiten wollen

(je richtige Lösung 1 Punkt; höchste Punktzahl: 10 Punkte)

3 **A** Berghängen, Lawinensuchgeräte   **B** bitterarm
C anbauen müssten, gehen wollte, retten müssen   **D** überreden, ausgebildet, vorbereitet

(je richtige Lösung 1 Punkt; höchste Punktzahl: 9 Punkte)

Seite 103

Zeichensetzung – Kommaregeln

Kommasetzung bei Aufzählungen

1 Satz 1 = A   Satz 2 = C   Satz 3 = B

2 a, b Auch in den Armutsvierteln afrikanischer Städte kann man Obst, Gemüse und alle anderen Grundnahrungsmittel kaufen, aber nur mit ausreichend Geld. Eine gute Lösung wäre die Selbstversorgung durch eigenen Gemüseanbau. Das nötige feucht-warme Klima wäre vorhanden, aber leider nicht der nötige Platz. Die Lösung sind so genannte Sackgärten, in denen Zwiebeln, Spinat, Kohl und Tomaten angebaut werden. Man braucht nur Platz für zwei Säcke, aber man erntet daraus für eine ganze Familie. Die italienische Hilfsorganisation COOPI unterstützt die Anlage von Sackgärten. Ein bepflanzter Sack kostet 15 €, aber er liefert sechs Monate lang alle drei bis sechs Tage eine Ernte.

3 a, b Jeder Pflanzsack braucht in seinem Inneren kleine Steine, größere Steine, gedüngte Erde. (*B*)
Die Pflanzen wachsen nicht nur oben aus dem Sack, sondern auch aus den Seiten. (*C*)
Angepflanzt werden Gemüse des täglichen Bedarfs wie Kohl, Zwiebeln, Paprika. (*A*)
Der Sack benötigt nur eine kleine Grundfläche, aber er sorgt für eine große Ernte. (*C*)

Seite 104

Kommasetzung in Satzreihen

1 Kinder in Afrika müssen früh arbeiten, ihre Aufgabe ist häufig die Versorgung mit Holz und Wasser. (*A*) Sie können oft nicht zur Schule gehen, sondern sie müssen ihrer Familie beim Überleben helfen. (*C*) Ihre Aufgabe können sie in den trockenen Gebieten oft nur schwer bewältigen, denn es gibt immer weniger Holz (*B C*), die Kinder müssen immer weitere Wege in Kauf nehmen. (*A*) Ein Solarkocher könnte Holz überflüssig machen(,) und das würde vor allem die Arbeit der Frauen und Kinder vereinfachen. (*B*)

2 a, b Mädchen profitieren besonders von den Solarkochern, denn sie bekommen Zeit für die Schule. (C) Sie müssen nicht mehr endlos lange Holz für das Feuer sammeln, sondern sie können lernen. (C) Leider kann man die Solarkocher nicht überall unproblematisch einsetzen, sie passen nicht zu den Lebensgewohnheiten vieler Menschen in Afrika. (A) Zwar scheint in Afrika fast überall die Sonne im Überfluss, aber oft wird nur abends gekocht (C)(,) und da scheint die Sonne nicht mehr. (B) Viele Frauen dürfen außerdem nicht draußen kochen, aber der Kocher funktioniert nicht im Haus. (C)

3 a, b z.B.: Solarkocher könnten eine Lösung für das knapp werdende Holz sein, aber sie bergen Gefahren. Die Spiegel für die Solarkocher können bis zu 300° heiß werden(,) und Kinder können sich leicht Verletzungen zuziehen. Außerdem brauchen Solarkocher viele Schrauben(,) und das ist nicht praktisch. Wandernde Familien müssen den Kocher mitnehmen und an anderen Stellen wieder aufbauen, dabei gehen Schrauben schnell verloren.

Seite 105

Kommasetzung in Satzgefügen

1 Hirse ist das Grundnahrungsmittel vieler Menschen in Afrika[,] weil sie auch unter schwierigen Bedingungen gut angebaut werden kann. (nachgestellter Nebensatz)
Dass sie aber auch sehr gesund ist[,] ist dabei wichtig für die Ernährungssituation der Menschen. (Nebensatz vor dem Hauptsatz) So gilt Hirse[,] da sie viel Magnesium und Folsäure enthält, auch als Gesundmacher. (eingeschobener Nebensatz)

2 Hirse hat ein kräftiges Aroma, das den Hirsebrei sehr schmackhaft macht. Die Hirse wird einfach 30 bis 40 Minuten in Wasser, das sie im Topf bedecken muss, gekocht. Es gilt in der Regel, dass man für ein halbes Pfund Hirse einen halben Liter Wasser nehmen muss. Wenn man Hirse vor dem Garen in einer Pfanne leicht anröstet, bekommt sie einen nussigen Geschmack.

3 a–c, z.B.:
Für viele afrikanische Menschen gibt es nur Hirsebrei, weil nichts anderes vorhanden ist.
Der Sackgarten kann eine gute Ergänzung sein, da er Zutaten für eine Gemüsepfanne liefert.
Eine Gemüsebeilage ist eine willkommene Abwechslung, weil sie gesund ist und gut schmeckt.
Alle Gemüsesorten werden geputzt und zerkleinert, damit sie schnell garen können.
Das Garen geschieht in einer Pfanne mit Öl, wenn beides vorhanden ist.

Seite 106

Kommasetzung vor *das* oder *dass*

1 a, b Die afrikanische Sahelzone ist ein Gebiet, *das* sich durch sehr trockenes Klima mit einer Regenzeit im Jahr bestimmt ist. Die Menschen im Norden haben sich in ihrer Lebensweise dadurch angepasst, *dass* sie der Regenzeit mit ihren Tieren von Weideplatz zu Weideplatz hinterherziehen. Das heißt, *dass* auch die Kinder ständig ihren Wohnort wechseln.
Im Süden betreiben die Menschen Ackerbau. Auch in diesen Familien ist es so, *dass* die Kinder früh Aufgaben übernehmen. Die Bevölkerung wächst sehr stark. Das bedeutet, *dass* immer größere Flächen für den Anbau von Nahrungsmitteln wie z.B. Hirse benötigt werden.

2 Später wurde es normal, *dass* man die Bäume einfach abgeholzt hat.
Die Staaten der Sahelzone müssen heute daran arbeiten, *dass* der Boden geschützt wird.
Eine Möglichkeit besteht darin, *dass* man den Brennholzbedarf reduziert.
Das kann man dadurch schaffen, *dass* man Lehmöfen baut.
Die afrikanische Feuerstelle zeichnet sich dadurch aus, *dass* man drei Steine auf die Erde legt und ein Feuer macht.
Ein Lehmofen führt dazu, *dass* man mit viel weniger Holz kocht.
Ein weiterer Vorteil ist, *dass* der Ofen in Afrika gebaut werden kann und nicht viel kostet.

Seite 107

Teste dich! – Kommasetzung

1 Die Wüste wächst, aber es gibt erste Hoffnungsschimmer. (D)
Der Kampf gegen die Wüstenbildung, gegen Abholzung und Abtragung des Bodens ist eine der größten Herausforderungen in Afrika. (A)
Nur Bäume können letztlich die Austrocknung stoppen, denn sie halten den Wind ab und das Wasser im Boden. (B)
Sie sind so wichtig, weil sie Schatten bieten. (C)
Außerdem locken sie Würmer und Insekten an, ihre Blätter dienen als Dünger. (B)

(je richtige Lösung 1 Punkt; höchste Punktzahl: 7 Punkte)

2 a Seit Jahrzehnten versuchen Wissenschaftler, Agrartechniker und Hilfsorganisationen die Ausbreitung der Wüste zu stoppen. Trockenperioden, Wasserknappheit und der wachsende Bedarf an Feuerholz beschleunigen das Wachsen der Wüsten. Es ist deshalb kein Wunder, dass die Länder der Sahelzone wollen, dass wieder Bäume in der abgeholzten, trockenen Gegend wachsen. In den letzten Jahren haben viele Wissenschaftler experimentiert. Sie haben kleine Bäumchen gepflanzt, größere Bäume gepflanzt, mit Bewässerung, ohne Bewässerung, Windfänge errichtet, Zäune gezogen, aber die Ergebnisse

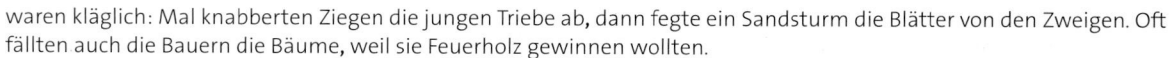

waren kläglich: Mal knabberten Ziegen die jungen Triebe ab, dann fegte ein Sandsturm die Blätter von den Zweigen. Oft fällten auch die Bauern die Bäume, weil sie Feuerholz gewinnen wollten.

b Fehlende Kommasetzung *bei Aufzählungen*

(je richtige Lösung 1 Punkt; höchste Punktzahl: a 13 Punkte, b 1 Punkt; gesamt: 14 Punkte)

3 Im Humbo-Tal im afrikanischen Staat Niger hat man die Begrünung der Sahelzone geschafft, aber ganz anders als gedacht. Da, wo es eigentlich nichts mehr zu säen und zu ernten gab, gibt es jetzt wieder Schatten, Gras und anderes Tierfutter. Aber man pflanzt keine neuen Bäume, sondern pflegt alte Baumstümpfe, die dann wieder Triebe bilden. Viele Kleinfarmer beteiligen sich an der Aktion, sie schneiden die Triebe von den Baumstümpfen. Die Zweige bleiben schützend auf dem Boden liegen, erst dann dienen sie als Feuerholz. Durch diesen Schutz gegen die Austrocknung werden die Baumstümpfe wieder grün.

(je richtige Lösung 1 Punkt; höchste Punktzahl: 7 Punkte)

Ich teste meinen Lernstand

Seite 108

Test A – Sachtexte und Grafiken lesen und verstehen

1 D ist richtig

(richtige Lösung 1 Punkt; höchste Punktzahl: 1 Punkt)

Seite 109

2 richtig: B, D   falsch: A, C

(je richtige Lösung 1 Punkt; höchste Punktzahl: 4 Punkte)

3 richtig: A 2, B 5, C 1, D 4, E 3

(je richtige Lösung 1 Punkt; höchste Punktzahl: 5 Punkte)

4 richtig: A, B   falsch: C, D

(je richtige Lösung 1 Punkt; höchste Punktzahl: 4 Punkte)

Seite 110

Test B – Grammatik

1 a *(Possessivpronomen, Personalpronomen, Relativpronomen, Demonstrativpronomen)*
In unserem Text geht es um einen Jungen, der Dongdong heißt. Dieser wohnt in Peking.

(je richtige Lösung 1 Punkt; höchste Punktzahl: 4 Punkte)

b   *Er*   *er*   *ihn*
A ~~Dongdong~~ hat wenig Zeit. Auch samstags geht ~~Dongdong~~ in die Schule, die ~~Dongdong~~ sehr fordert.
          Ihm
B ~~Dongdong~~ würde es gefallen, später als Wissenschaftler etwas Besonderes zu erfinden.

(je richtige Lösung 1 Punkt; höchste Punktzahl: 4 Punkte)

2 a, b   Danach (Z), Anschließend (Z), schließlich (Z), dort (O)

(je richtige Lösung 1 Punkt; höchste Punktzahl: a 4; b 4 Punkte)

3 a Präsens

(richtige Lösung 1 Punkt)

b Hier *wohnte* Dongdong mit seiner Mutter. *(Präteritum)*
   Hier *hat* Dongdong mit seiner Mutter *gewohnt*. *(Perfekt)*
   Hier *hatte* Dongdong mit seiner Mutter *gewohnt*. *(Plusquamperfekt)*
   Hier *wird* Dongdong mit seiner Mutter *wohnen*. *(Futur I)*

(je richtige Lösung 1 Punkt; höchste Punktzahl: 4 Punkte)

c Bei dem Verb „wohnen" handelt es sich um *ein schwaches Verb*.

(richtige Lösung 1 Punkt)

4 a Satz A = Aktiv (A)   Satz B = Passiv (P)

(je richtige Lösung 1 Punkt; höchste Punktzahl: 2 Punkte)

b A Roboter *werden* (von Dongdong) *gebaut*.   B Dongdong *bastelt* auch Flugzeugmodelle.

(je richtige Lösung 1 Punkt; höchste Punktzahl: 2 Punkte)

5 a, b   Seit einiger Zeit *(AB-Zeit)* hat *(P)* Dongdong *(S)* *wegen der Schule (AB-Grund)* *durch zusätzliche Aufgaben (AB-Grund)* wenig Zeit *(A)*.

(je richtige Lösung 1 Punkt; höchste Punktzahl: a 2; b 6 Punkte)

6 Dongdong beherrscht chinesische Schriftzeichen, *weil* er die Schreibung übt. *(Kausalsatz)*
Dongdong beherrscht chinesische Schriftzeichen, *indem* er die Schreibung übt. *(Modalsatz)*

(je richtige Lösung 1 Punkt; höchste Punktzahl: 2 Punkte)

Seite 111

Test C – Rechtschreibung

1 a, b   heißt (Z. 1, 4, 5) – heißen, rund (Z. 3) – runder als, klingt (Z. 7) – klingen, lebt (Z. 9) – leben
(je richtige Lösung 1 Punkt; höchste Punktzahl: a 4 Punkte, b 4 Punkte)

2 aufgeräumt – denn: Raum, Städte – denn: Stadt
(je richtige Lösung 1 Punkt; höchste Punktzahl: 2 Punkte)

3 a *ie* schreibt man, wenn die erste Silbe *offen ist.*
b Man muss das Wort zerlegen und dann verlängern. (Bei\sp*ie*l – denn: sp*ie*len)
(je richtige Lösung 1 Punkt; höchste Punktzahl; a 1 Punkt, b 1 Punkt)

4 ungefä*h*r (Z. 38), Ja*h*ren (Z. 36), me*h*r (Z. 39)
(je richtige Lösung 1 Punkt; höchste Punktzahl: 3 Punkte)

5 a

Wörter mit *b, d* und *g*	Wörter mit Doppelkonsonant
wenig (Z. 44), anstrengen*d* (Z. 46), nachmitta*gs* (Z. 47), unbedin*gt* (Z. 56), Erfol*g* (Z. 56)	beko*mm*t (Z. 49)

b Strategie *Verlängern*
(je richtige Lösung 1 Punkt; höchste Punktzahl: a 6 Punkte, b 1 Punkt)

6 a Artikel: d*er* Schule (Z. 58), d*en* Kurs (Z. 60), d*en* Flugzeugmodellbaukurs (Z. 62), d*en* Roboterbaukurs (Z. 63)

b Zahlwort: alle Nachhilfestunden (Z. 57)

c Adjektiv: chinesische Schriftzeichen (Z. 64 f.), chinesische Medizin (Z. 64 f.)

Seite 112

Test D – Einen Bericht schreiben

1 **Wo?** in Peking   **Wann?** Januar 2013; seit Anfang Januar
Wer? 20 Millionen Pekinger
Was? Feinstaubwerte: 845 Mikrogramm je Kubikmeter Luft; Rekordwert
Warum? Industrieabgase, Heizungen und der zunehmende Autoverkehr sind die Verursacher
Welche Folgen? Gefahr für den Menschen: bei über 300 Mikrogramm; Menschen (vor allem Alte, Kranke und Kinder) riskieren Atemwegsleiden, Schlaganfälle, Herzerkrankungen; Wohnung nicht verlassen; keine körperlichen Anstrengungen oder Freiluftaktivitäten unternehmen
(je richtige Frage 1 Punkt; höchste Punktzahl: 6 Punkte)

2 z. B.: Peking im Smog
Im Januar 2013 kam es in Peking zu einem rekordverdächtigen Anstieg der Feinstaubwerte in der Luft, sodass diese zu einer Bedrohung für die dort lebenden Menschen wurde.
Als Ursache für die hohe Luftverschmutzung, die bei 845 Mikrogramm je Kubikmeter Luft lag, wurden Industrieabgase, Heizungen und der zunehmende Autoverkehr der Millionenstadt Peking genannt. Die Verantwortlichen der Stadt riefen die Bevölkerung auf, keine körperlichen Anstrengungen oder Freiluftaktivitäten zu unternehmen.
Die kleinen Schadstoffpartikel in der Luft können vor allem für alte Menschen, Kranke und Kinder zur Bedrohung werden, da Atemwegsleiden, Schlaganfälle oder Herzerkrankungen auftreten können. Für viele Bewohner der Millionenstadt Peking bedeutete dies, entweder die Gefahr auf sich zu nehmen oder in der Wohnung eine Besserung der Wetterlage abzuwarten.
(je richtig eingebaute Information + Überschrift: 1 Punkt; höchste Punktzahl: 10 Punkte)

Inhaltsverzeichnis

Rechtschreibung

Ich teste meinen Lernstand

Kennzeichnungen in diesem Arbeitsheft:

1 Aufgabe

4 Zusatzaufgabe

●○○ Aufgaben mit Starthilfen
●●○ etwas schwierigere Aufgaben mit Starthilfen

●●● Aufgaben, die mehr Wissen und Können von dir verlangen

► Der Pfeil sagt dir, auf welcher Seite du etwas nachschlagen kannst.

Mit dem beigefügten Lösungsheft kannst du deine Arbeitsergebnisse selbst überprüfen.

Informationen – Recherchieren und veranschaulichen

Informationen im Internet recherchieren

- Mit **Suchmaschinen** kannst du **im Internet** gezielt nach Informationen suchen.
  Rufe z. B. die Suchmaschinen *blinde-kuh.de, helles-köpfchen.de* oder *fragfinn.de* auf.
- Schränke deine Suche von Beginn an ein. Gib in die Suchmaschine **Suchbegriffe (Schlüsselbegriffe)** ein, die zuallererst zu deinem Thema gehören, z. B.: *Recycling Plastik*.
- Man kann auch mit **ganzen Sätzen** suchen. Setze sie in **Anführungszeichen**.
  Diese „**Phrasensuche**" lohnt sich, wenn man z. B. eine bestimmte Aussage oder eine Liedzeile sucht.

1 Ordne die folgenden Begriffe den Zahlen auf der abgebildeten Suchmaschine zu.

☐ Internetadresse ☐ Eingabefeld für Suchbegriffe ☐ Nutzeranmeldung ☐ Tag des Zugriffs

2

3

http://www.find-fix.de

Recycling Plastik | **Suchen**

Anmelden:
Benutzername
Passwort

Jetzt Mitglied werden!
Passwort vergessen?
Login

1

| WISSEN | NACHRICHTEN | SPIELE | FREIZEIT | COMMUNITY |

Ergebnis der Suche nach: Recycling Plastik
Es wurden 25 Seiten gefunden, die deiner Suche entsprechen

Mittwoch, 27. März 2013

Seite: **1** 2 3

4

Treffer 1 bis 10 (Treffer anklicken, um die Seite zu öffnen)

2 Kreuze an: Mit welchen beiden Suchbegriffen wurde bei find-fix.de gesucht?

☐ Müll Plastik ☐ Trennung Müll ☐ Recycling Plastik ☐ Recycling Müll

3 Steht der folgende Text mit den Suchmaschinentreffern im Zusammenhang? Kreuze an. Ergänze im Heft.

☐ Er steht in einem Zusammenhang, weil … ☐ Er steht in keinem Zusammenhang, weil …

Treffer 12: Mülltrennung und Recycling

Wir produzieren jeden Tag sehr viel Müll, der viel zu wertvoll ist, um ihn einfach wegzuwerfen. Wir verwenden z. B. alte Plastikmaterialien oder Glas, um daraus neue Produkte herzustellen. Dein Schreibpapier ist vielleicht aus Altpapier; es besteht aus wiederverwertetem Papier. Wenn Müll getrennt und wiederverwertet wird, spricht man von „Recycling". Das Wort kommt aus dem Englischen (gesprochen wird es „Riseikling") und bedeutet „noch einmal verwerten". Zum Glück werden aus Müll neue Produkte hergestellt. Dadurch müssen z. B. nicht viele neue Bäume abgeholzt werden. Insgesamt entsteht weniger Müll, wir schonen die Natur und neue Arbeitsplätze werden auch geschaffen.

Früher sammelte ein Schrotthändler alte Metallteile. Heute trennen wir den Müll und bringen ihn zu Sammelstellen. Oder er wird von uns bereits zu Hause in farbige Tonnen einsortiert und von der Müllabfuhr abgeholt. Immer mehr Müll bedeutet immer größere Probleme. Plastik z. B. verrottet nicht und belastet die Natur. Die Müllhalden werden immer größer und neue Mülldeponien schaden dem Boden und dem Grundwasser. Müll, der in Müllverbrennungsanlagen verbrannt wird, produziert giftige Abgase. Am besten ist es, möglichst die Müllproduktion zu vermeiden und den Müll, den wir produzieren, zu trennen, um ihn dem Prozess einer Wiederverwertung zuzuführen.

Methode	Informationen in einer Mind-Map geordnet veranschaulichen

Mit einer **Mind-Map** kannst du **Informationen** aus einem Text **übersichtlich anordnen**.
Sie besteht aus **drei Arten von Einträgen**: 1. Thema, 2. Schlüsselbegriffe, 3. weitere Informationen.

1 Schreibe in die Mitte des Blattes das **Thema**.
Du kannst das Heft auch quer legen. Umrahme das Thema.

2 Ordne um das Thema **die wichtigsten Schlüsselbegriffe** (wichtige Informationen) des Textes.
Verbinde das Thema und die Schlüsselwörter durch dicke Äste.

3 Schreibe zu den Schlüsselwörtern die **dazugehörigen Informationen** (weitere Informationen) aus dem
Text. Zeichne dazu dünne Äste.

4 Lies noch einmal den Text auf Seite 5. Markiere Schlüsselwörter (wichtige Informationen).

5 Vervollständige die Mind-Map mit den Informationen aus dem Text.
Beschrifte die freien Äste. Ihr könnt auch im Heft arbeiten.

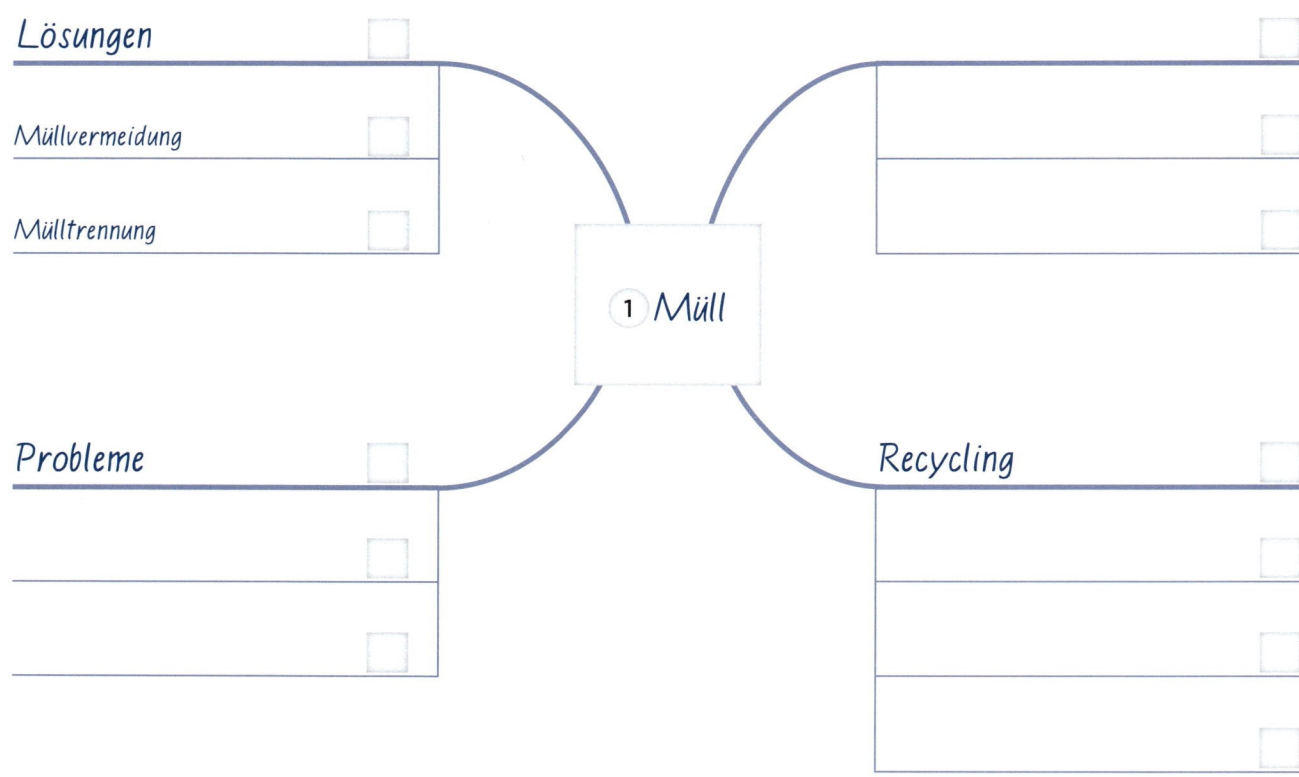

6 Prüfe für jeden Begriff in deiner Mind-Map, um welche Art von Eintrag es sich handelt.
Schreibe neben jeden Ast der Mind-Map die richtige Ziffer 1 bis 3 aus dem Methodenkasten.

7 Recherchiere zu folgender Phrase: „Recycling – Aus Alt mach Neu!"
a Gib die Formulierung bei folgenden Suchmaschinen ein. Oder nutze eine dir gut bekannte Suchmaschine.

☐ blinde-kuh.de   ☐ helles-koepfchen.de   ☐ fragfinn.de   ☐ _____.de

b Mit welcher Suchmaschine hast du Informationen zur Phrase gefunden? Kreuze an.
c Arbeite im Heft eine Mind-Map aus.
Ordne mit ihr die Informationen, die du zu dem Thema „Recycling – Aus Alt mach Neu!" gefunden hast.

Berichten – Einen informierenden Text verfassen

Information Einen informierenden Text verfassen

Ein Informationstext fasst in **knapper und** für den Leser **gut verständlicher Weise das Wichtigste** über **Gegenstände, Personen oder Sachverhalte** zusammen.

Aufbau
- Zu **Beginn** eines Informationstextes wird **das Thema** genannt, z. B.: *„Über Meteoriten"*.
- Danach werden in einer **sinnvollen Reihenfolge Informationen zu wichtigen W-Fragen** gegeben: Wer? Was? Wann? Wo? Wie? Warum?

Sprache
- Die Sprache eines Informationstextes ist **sachlich**. Gefühle und Wertungen werden vermieden.
- Ein Informationstext wird in der Regel im **Präsens** verfasst, z. B.: *Ein Meteorit ist … Er besteht aus …*

1 Du willst deine Klasse mit Hilfe eines kurzen Textes über die Gefahr eines Meteoriteneinschlags aus dem Weltall informieren. Was weißt du bereits über Meteoriten? Notiere Stichworte:

---

2 Markiere im folgenden Text alle Informationen, die du zusätzlich zu deinem Vorwissen über Meteoriten erhältst.

Viele Verletzte nach einem Meteoriteneinschlag – Zufall oder Vorbote?

Bei dem Meteoriteneinschlag in Russland sind mehr als 1000 Menschen verletzt worden. Ein Interview der „Aktuellen Stunde" mit Jan Friese aus der Wissenschaftsredaktion.

Aktuelle Stunde: Sie sagen, das, was in Russland passiert ist, sei ein Meteoritenschauer. Was müssen wir uns darunter vorstellen?

Friese: Es geht um kleinere Gesteinsbrocken, die auf
5 die Erde fallen. Man kann sich den Meteoritenschauer wie einen Kieslaster vorstellen, der seine Ladung über der Erde abkippt. Meist sind es kleine Brocken, die schon in der Atmosphäre verglühen. Es könnte aber auch ein größerer Gesteinsbrocken in der At-
10 mosphäre explodiert sein. Dafür spricht die Druckwelle, die viele Fensterscheiben zerplatzen ließ. So etwas wie eine Splitterbombe.

Aktuelle Stunde: Ein Meteoriteneinschlag ist also [...] gefährlich?
15 **Friese:** Möglicherweise schon. Ich kann mich nicht daran erinnern, wann durch einen Einschlag so viele Menschen verletzt wurden. Als Meteoriten werden meist die kleinen Gesteinsbrocken bezeichnet. Von ihnen fallen jedes Jahr mehrere Tausend auf die
20 Erde. Meist passiert dabei nichts, weil sie auf unbe-

wohntem Gebiet einschlagen. Da sind sie kaum von einem Felsbrocken zu unterscheiden. Gefährlicher sind die Asteroiden, Gesteinsbrocken aus dem Weltall, die durchaus auch die Größe eines Kreuzfahrtschiffs haben. Sie können der Menschheit gefährlich 25 werden. Zum Vergleich: Der Asteroid, der die Dinosaurier auslöschte, hatte wahrscheinlich einen Durchmesser vom mehreren Kilometern.

Planen

3 Frage dich zuerst, was deine Mitschüler über Meteoriten erfahren sollten. Nutze eine Mind-Map wie folgt. Ergän-ze sie im Heft durch dein Vorwissen zum Thema und die Informationen, die du im Interview auf Seite 7 findest.
Tipp: Der Text beantwortet noch nicht alle Fragen.

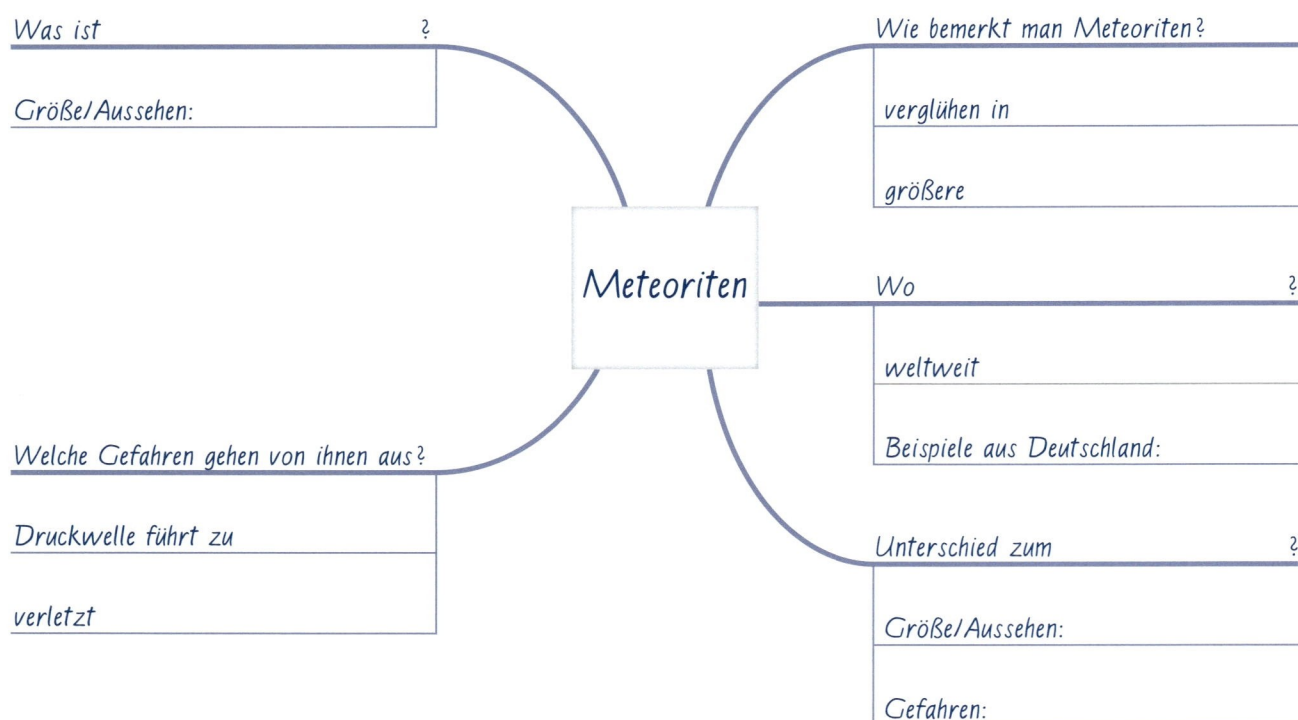

Was ist   ?

Größe/Aussehen:

Wie bemerkt man Meteoriten?

verglühen in

größere

Meteoriten

Wo   ?

weltweit

Beispiele aus Deutschland:

Welche Gefahren gehen von ihnen aus?

Druckwelle führt zu

verletzt

Unterschied zum   ?

Größe/Aussehen:

Gefahren:

4 Werte die folgende Grafik aus.
  a Kreuze an: Welche der nachstehenden Aussagen A bis D treffen auf die Grafik zu (r)? Welche nicht (f)?
  b Prüfe, ob es Meteoriteneinschläge in deinem Bundesland gab.
  c Ergänze deine Mind-Map durch die Informationen, die du aus der Grafik hinzugewonnen hast.

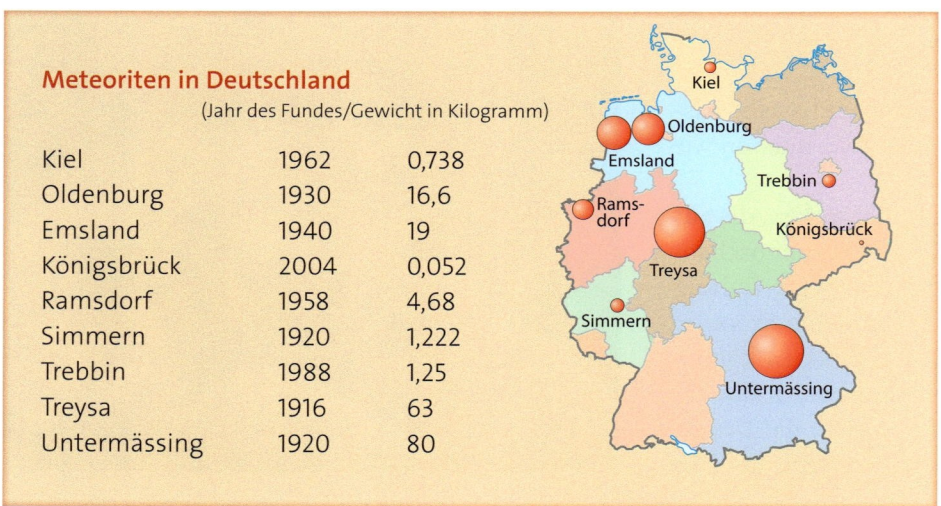

Meteoriten in Deutschland
(Jahr des Fundes/Gewicht in Kilogramm)

Kiel	1962	0,738
Oldenburg	1930	16,6
Emsland	1940	19
Königsbrück	2004	0,052
Ramsdorf	1958	4,68
Simmern	1920	1,222
Trebbin	1988	1,25
Treysa	1916	63
Untermässing	1920	80

Die Grafik zeigt ...   richtig   falsch

A ... Meteoriteneinschläge, die es in Deutschland gab.

B ..., dass der größte Meteorit, der in Deutschland eingeschlagen ist, 63 kg wog.

C ..., dass auch in Deutschland Meteoriten einschlagen können.

D ..., dass z. B. ein 0,052 kg schwerer Meteorit 2004 in Königsbrück zu Boden ging.

Schreiben

5 Schreibe mit Hilfe deiner Vorarbeiten einen zusammenhängenden Text.
Beachte die folgenden Schreibtipps und Formulierungshilfen.

Schreibtipps	Formulierungshilfen
Nenne zuerst das **Thema:**	*Meteoriten können zu jeder Zeit und überall auf der Welt...*
Orientiere dich an der **Reihenfolge** deiner **Fragen** aus der Mind-Map.	*Ein Meteorit ist ...*
Nutze **Verknüpfungswörter** (*wenn, nachdem, deshalb, da, außerdem, denn, damit, so-dass, schließlich*), um sinnvolle Zusammenhänge zwischen den einzelnen Informationen herzustellen.	*Meteoriten bemerkt man am Himmel, wenn sie in die Atmosphäre eindringen, weil sie ...* *Viele gehen unbemerkt zu Boden, da ...*
Achte darauf, deinen Text im **Präsens** zu schreiben. Ändere die **Zeitform.**	*Wissenschaftler beobachteten ( ) den Weltraum. Sie erkannten ( ) auf diese Weise drohende Gefahren. Die Bevölkerung wurde ( ) frühzeitig benachrichtigt.*
Gib deinem Informationstext zum Schluss eine **zum Thema passende Überschrift.**	

Überarbeiten

6 Vergleiche deinen fertigen Text mit der Information (▶ S. 7).
Hast du alle Hinweise berücksichtigt? Verbessere, wenn nötig.

7 Schreibe deinen Informationstext über Meteoriten sauber in dein Heft oder tippe ihn am Computer.
Tipp: Frage deinen Lehrer, ob du deinen Text im Klassenzimmer aushängen darfst.

Sternschnuppen – Einen informierenden Text verfassen

1
●○○ **Was weißt du über Sternschnuppen? Notiere Stichworte:** _____

_____

2
●○○ **Welche Aussagen lassen sich der folgenden Grafik zum Thema „Sternschnuppen" entnehmen?**
Füge die Satzbausteine A bis C und 1 bis 3 zu sinnvollen Aussagen zusammen. Ziehe Verbindungslinien.

Glücksbringer?
von je 100 Befragten achten auf:

vierblättriges Kleeblatt	42
Sternschnuppen	40
Schornsteinfeger	36
die Zahl 13	28

A Von 100 befragten Menschen glauben 40 …

B Im Vergleich zur Zahl 13 …

C Noch etwas häufiger als auf Sternschnuppen achtet die Mehrheit der befragten Personen auf …

1 … vierblättrige Kleeblätter als Glücksbringer.

2 …, dass ein Wunsch für sie in Erfüllung geht, wenn sie eine Sternschnuppe sehen.

3 … wählten mehr Befragte die Sternschnuppen als Glücksbringer.

3
●○○ **Der nachfolgende Informationstext über Sternschnuppen ist unvollständig.**
a Entscheide, welche Satzverknüpfungen in den Klammern richtig sind. Unterstreiche sie.

Sternschnuppen sind kleine Gesteinsbrocken, (der/die/das) sich auf ihrem Flug durch das All stark erhitzen (sondern/aber/und) bei Eintritt in die Erdatmosphäre verglühen.

(Dieses/Zunächst/Schließlich) Verglühen macht die kleinen Meteoriten, die vom Himmel fallen, als helle Lichtstriche am Himmel sichtbar.

Gefahren gehen von Sternschnuppen nicht aus, (wenn/nachdem/da) sie oft nur Millimeter groß sind.

Selten kommt es vor, (das/dass/weil) man auf die Erde gefallene Sternschnuppen findet.

Wünsche sollen in Erfüllung gehen, (nachdem/deshalb/bevor) man eine Sternschnuppe erblickt hat.

40 von 100 Menschen achten darauf, Sternschnuppen am Nachthimmel zu entdecken, (nachdem/weil/damit) ihre Wünsche in Erfüllung gehen.

Die Bezeichnung „Sternschnuppe" geht zurück auf den Glauben, Engelchen würden die Sterne putzen, (um/wobei/außerdem) manchmal ein Stückchen abbreche und als Sternschnuppe zur Erde falle.

b Welche der beiden Überschriften (A oder B) passt besser zum Text? Kreuze an.

☐ A Sternschnuppen – Sterne, die auf die Erde fallen

☐ B Sternschnuppen – Glücksbringende Steinchen aus dem Weltraum

4 **Vielleicht traust du dir einen Informationstext über Weltraumschrott zu. Dann bearbeite die folgende Seite.**

Weltraumschrott – Einen informierenden Text verfassen

> **Wo?** *Erdumlaufbahn; ca. 36.000 km Höhe*
> **Was?** *Müll im All; Weltraumschrott umkreist die Erde;*
> *Trümmerteile; z.T. kleiner als 10 cm; Schätzungen: 150.000 Objekte*
> *rasen durch den Weltraum; Raketen- und Satellitenteile …*
> **Wie viele?** *weit über 12.000 Objekte größer als 10 cm*
> **Woher?** *Raumfahrt/Satelliten; abgesprengte Raketenstufen; Werkzeuge*
> *der Astronauten; Schrauben; Metallteile; …*
> **Welche Gefahren?** *Kollisionen mit Satelliten; Weltraumstation ISS;*
> *tritt in die Erdatmosphäre ein – verglühen …*
> **Was wird unternommen?** *Beobachtung mit Teleskopen; in Datenbank speichern;*
> *Satelliten und ISS weichen Schrott aus; keine Müllabfuhr; Müllvermeidung …*

1 ●●● Nutze die Abbildung und den Stichwortzettel, um für deine Mitschüler
einen informierenden Text über das Thema „Weltraumschrott" zu verfassen.

Überschrift: …

Weltraumschrott bedroht in zunehmendem Maße Projekte der Raumfahrt.

_____

_____

_____

_____

_____

_____

_____

2 ●●● Prüfe mit Hilfe der Checkliste, ob du die Tipps umgesetzt hast. Hake ab oder überarbeite deinen Text.

3 Erstelle eine erklärende Grafik zu deinem Text.
Du kannst z. B. veranschaulichen, woher die Schrottteile stammen.

Checkliste

Einen Informationstext verfassen

- Habe ich alle notierten **Fragen** mit meinem Informationstext **beantwortet**?
- Nutze ich **Verknüpfungswörter**, um einen zusammenhängenden Text zu schreiben?
- Passt meine **Überschrift** zum gesamten Inhalt des Textes?
- Konnte ich alle **Informationen** für andere Schüler verständlich darstellen und **erläutern**?
- Habe ich persönliche Meinungen vermieden? Ist mein Text **sachlich** genug?
- Habe ich hauptsächlich die **Zeitform Präsens** verwendet?

Personen beschreiben – Sportler aus China

1 Am Telefon möchte deine Freundin wissen, wie der chinesische Badmintonspieler Lin Dan aussieht.

a Ergänze mit Hilfe des Bildes und der Zeitungsmeldung die Antwortblasen mit passenden Informationen.

b Ordne ihren Fragen die passenden Antworten zu. Trage dazu die Antwortsymbole ▲ ✳ ■ ● bei den Fragen richtig ein.

Lin Dan hat beim Herren-Badminton Gold geholt

Der chinesische Badmintonspieler Lin Dan hat am Sonntag beim Badminton im Finale mit 2:0 seinen malaysischen Gegner Chong Wei Lee geschlagen und damit die 34. Goldmedaille für China gewonnen.

Fragen:

☐ Wie ist Lin Dan gekleidet?

☐ Wie sehen sein Kopf und Gesicht bzw. Gesichtsausdruck aus?

☐ Wie wirkt seine Körperhaltung?

☐ Wie heißt der Badmintonspieler?

Antworten:

▲ Sein Körper ist _____. Er macht einen _____ vorwärts, weil _____
_____ .

■ Lin Dan _____
_____ .
In der linken Hand hält er _____
_____ . Auf dem linken
Oberarm _____ .

✳ Der Badmintonspieler heißt _____ .
Er kommt aus _____ .

● Er hat _____ , _____ Haare und ein _____ , _____ Gesicht. Seine _____ stehen leicht ab. Er hat _____ Augen. Seine Augenbrauen sind _____ .
Auf dem Bild hat er den _____ geöffnet, da er sich konzentriert und leicht _____ zu sein scheint.

2 Personenbeschreibungen sollten in einer geordneten Reihenfolge erfolgen, z. B. von oben nach unten.

a Schau dir die folgende Liste der Merkmale für eine Personenbeschreibung an.
Bei sechs Begriffen wurden die Buchstaben vertauscht. Finde heraus, um welche Begriffe es sich handelt.

b Lege eine sinnvolle Reihenfolge für die Personenbeschreibung fest.
Ordne die Merkmale aus der Liste auf dem nebenstehenden Spickzettel.

Liste: Merkmale für eine Personenbeschreibung	Spickzettel für eine Personenbeschreibung
KÖRPERHALTUNG	1. Name
HEESCHGLCT =	2.
LTERA =	3.
NLKIDEUG =	4.
PFOK =	5.
RHEKUNFT =	6.
PERSÖNLICHER EINDRUCK	7.
VERHALTEN	8.
MAEN =	9.

3 Lies die folgende Personenbeschreibung eines Schülers.
Kreuze an, wie sie überarbeitet werden muss. Bei der Textüberarbeitung ...

☐ **A** muss die Reihenfolge der genannten Merkmale geändert werden.

☐ **B** müssen Sätze umformuliert werden.

☐ **C** sind abwechslungsreiche Verben (*tragen, aussehen, besitzen, auffallen*) zu verwenden.

☐ **D** muss die Zeitform des Textes (Präsens) geändert werden..

Lin Dan ist ungefähr 25 Jahre alt. Er hat schwarze, stoppelige Haare und ein ovales, sehr schmales Gesicht. Er hat mandelförmige Augen. Er hat dunkle, geschwungene Augenbrauen. Er hat volle Lippen. Er hat ein weiß-gelbes Trikot mit schwarzen Schultern, eine schwarze Hose und gelbe Sportschuhe an. Er hat einen Badmintonschläger in der linken Hand, was darauf schließen lässt, dass er Linkshänder ist. Er hat einen trainierten Körper und viele Muskeln. Sein Blick ist konzentriert. Insgesamt wirkt er sehr sportlich.

VORSICHT FEHLER!

4 Nutze deine Vorarbeiten. Verfasse in deinem Heft eine Personenbeschreibung für Lin Dan.

Die Volleyballspielerin – Eine Personenbeschreibung ergänzen

1 Im Internet hast du nach weiteren chinesischen Sportlern gesucht.
Dabei hast du dieses Bild einer Volleyballerin gefunden.
Kreuze an, welche Begriffe für eine Personenbeschreibung dieser Sportlerin geeignet sind.

Größe	☐ klein	☐ groß		

Körperbau	☐ stämmig	☐ schlank	☐ kräftig	

Haare	☐ lang	☐ kurz	☐ zusammengebunden	

Gesicht/ Gesichtsform	☐ oval	☐ rund	☐ kantig	☐ schmal

Augen	☐ groß	☐ mandelförmig	☐ dunkel	

Mund und Ausdruck	☐ lächelnd	☐ geöffnet	☐ verkniffen	
	☐ herabgezogen	☐ konzentriert		

Kleidung	☐ lässig	☐ elegant	☐ sportlich	☐ bunt
	☐ Trikot	☐ T-Shirt	☐ Hemd	
	☐ Jeans	☐ Rock	☐ kurze Sporthose	

Eigenschaften	☐ sportlich	☐ durchtrainiert	☐ athletisch	

2 Ergänze im Heft die folgende Beschreibung mit passenden Begriffen aus dem Wortspeicher und aus Aufgabe 1.

Wortspeicher

Körperbau   Augen   rot   athletisch   Haare   trägt   Trikot   Nummer   schwarze

Die junge Sportlerin ist ca. 25 Jahre alt, schlank und groß. Der … der Volleyballerin wirkt sportlich und … . Da sie auf dem Bild gerade den Ball schlägt, sind ihre dunklen und … … weit aufgerissen. Der Ausdruck ihres Mundes ist … Ihre dunklen, … … hat sie …. Die Sportlerin … ein für ihr Team typisches rotes kurzärmliges … mit der Nummer acht. Auch ihre Sporthose ist … und mit einer … versehen. Die Knie und Unterschenkel werden durch … Knieschoner und lange schwarz-weiße Socken geschützt. Insgesamt wirkt die Volleyballspielerin ehrgeizig und engagiert.

Tischtennisspieler – Eine Personenbeschreibung verfassen

1 Für ein Portfolio über China sollen chinesische Sportler beschrieben werden.
●●● Wähle einen der beiden abgebildeten Tischtennisspieler aus.

a Kreuze an, zu welchen Merkmalen du etwas schreiben kannst:

☐ Gesicht/Gesichtsausdruck ☐ Alter ☐ Geschlecht ☐ Haare/Frisur

☐ Kleidung ☐ Körperbau ☐ Herkunft

b Markiere die Begriffe auf dem Merkmalzettel, die du für deine Beschreibung verwenden kannst.

> **Gesichtsform:** oval, kantig, schmal, länglich **Augen und Augenausdruck:** eng beieinanderstehend, auseinanderstehend, blau, braun, dunkel, mandelförmig **Augenbrauen:** schmal, buschig, geschwungen, dunkel **Mundwinkel und Ausdruck:** lächelnd, verkniffen, herabgezogen, konzentriert, freundlich **Lippen:** schmal, voll, geschminkt, geschwungen, geöffnet **Haare:** lang, kurz, mittellang, dunkel, hell, blond, lockig, gescheitelt, hochgesteckt, voll **Kleidung:** sportlich, lässig, elegant, modisch, traditionell, bunt **Figur/Körperhaltung:** groß, klein, schlank, sportlich, untersetzt, korpulent, aufrecht, dünn

2 Beschreibe die von dir ausgewählte Person möglichst genau.
●●● **Tipp:** Achte darauf, nicht nur *haben* und *sein* zu verwenden.

_____

_____

_____

_____

_____

_____

_____

_____

_____

Einen Vorgang beschreiben – Backen, pressen, basteln

Methode	Einen Vorgang beschreiben

Aufbau
- **Einleitung**: Nenne die notwendigen Materialien und/oder Vorbereitungen, z. B.: *Man braucht 200 Gramm Mehl, zwei Tassen Milch und einen Esslöffel …*
- **Hauptteil**: Beschreibe Schritt für Schritt den Ablauf des Vorgangs, z. B.: *Zuerst werden die Äpfel geschält. Danach … Nach einigen Minuten …*
- **Schluss**: Runde deine Beschreibung mit einem Schlusssatz ab, z. B.: *Guten Appetit!*

Sprache
- Verwende durchgängig nur **eine Form der Ansprache**: *Man nimmt …* oder: *Du nimmst …* oder: *Nimm …*
- Wechsle zwischen **Aktiv- und Passivformulierungen**. So wird deine Beschreibung abwechslungsreicher, z. B.: *Der Teig wird gerührt. Danach fügt man … hinzu.*
- Wähle passende Wörter, die die **Reihenfolge** der einzelnen Schritte deutlich machen, z. B.: *zuerst, dann, danach, zum Schluss …*
- Schreibe im **Präsens**.

Apfelküchlein backen

1 Schreibe als Einleitung auf, welche Zutaten und Küchengeräte man zum Backen von Apfelküchlein benötigt. Vergiss die Maßangaben nicht (1 EL = Esslöffel, 1 TL = 1 Teelöffel, g = Gramm).

Zutaten:

- _____   - _____
- _____   - _____
- _____   - _____
- _____

Küchengeräte:

- _____   - _____
- _____   - _____
- _____   - _____

2 Verfasse im Hauptteil die Anleitung für ein Schülerkochbuch. Verwende die Du-Form.
Tipp: Denke an unterschiedliche Bezeichnungen für die zeitliche Abfolge.
Formuliere Aktiv- und Passivsätze.

Schäle die Äpfel und

schneide sie in schmale Scheiben.

Gib als Nächstes   Mehl, ...

_____

_____

_____

_____

_____

_____

Rühre die fein geschnittenen Apfelstückchen vorsichtig in

den Teig. ...

_____

_____

_____

Nimm mit einem Esslöffel eine Portion Teig und gib sie

vorsichtig in das heiße Fett.

_____

_____

_____

_____

_____

_____

Guten Appetit!

Natürlichen Klebstoff herstellen – Einen Vorgang beschreiben

Natürlicher Klebstoff

Viele Klebstoffe enthalten giftige Lösungsmittel, deren Dämpfe nicht eingeatmet werden sollten.
Aus rohen Kartoffeln kannst du selbst einen völlig ungiftigen und umweltfreundlichen Klebstoff herstellen.

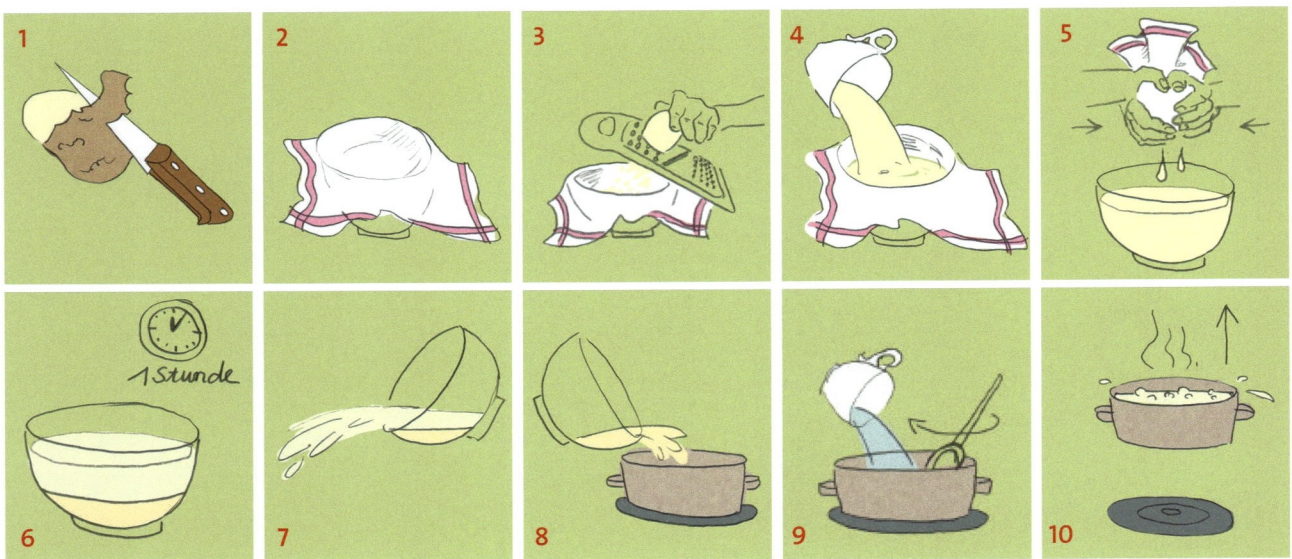

1 Ordne zu: Welches Bild 1 bis 10 gehört zu welchem der folgenden Beschreibungssätze?
●○○ Schreibe die jeweilige Zahl vor die Sätze.

- Anschließend wird eine Tasse Wasser in die Schüssel mit den geriebenen Kartoffelstückchen gegeben.

- Eine Schüssel wurde zuvor mit einem sauberen Leinentuch ausgelegt.

- Man reibt die Kartoffel nach dem Schälen mit einer Kartoffelreibe in die ausgelegte Schüssel.

- Nun wird die überschüssige Flüssigkeit vorsichtig abgegossen.

- Sobald die Flüssigkeit Blasen wirft und quillt, nimmt man sie vom Herd. Der Klebstoff ist nun fertig und wird in kleine, gut verschließbare Gefäße umgefüllt.

- Die Schüssel mit dem ausgepressten Saft etwa eine Stunde stehen lassen, bis sich auf dem Boden eine Schicht weiße Kartoffelstärke[1] abgesetzt hat.

- Man umschließt daraufhin die Kartoffelstückchen mit dem Leinentuch und presst die Masse zusammen, bis kein brauner Kartoffelsaft mehr in die Schüssel läuft.

- Dann wird eine Tasse Wasser zur Stärke gegossen und alles unter ständigem Rühren erhitzt.

- Im Anschluss gibt man die zurückgebliebene Stärke in einen kleinen Kochtopf.

- Zunächst wird eine rohe Kartoffel mit einem Messer oder einem Kartoffelschäler geschält.

2 Markiere im Text Wörter, die die Reihenfolge der einzelnen Schritte deutlich machen.
●○○

3 Hebe farblich die Sätze in der Vorgangsbeschreibung hervor, die im Passiv formuliert wurden.
●○○

4 Traust du dir eine weitere Vorgangsbeschreibung zu? Dann probiere die Bastelanleitung auf Seite 19 aus.
●○○

1 **Stärke:** Mit Stärke speichern vor allem Pflanzen überschüssige Energie. Sie lagern sie in Form winzig kleiner Stärkekörner.

Ein chinesischer Papierdrache – Eine Bastelanleitung schreiben

 1 Welche Gegenstände und Werkzeuge benötigt man, um einen chinesischen Papierdrachen zu basteln?
●●● Schau dir die Abbildung an und liste die benötigten Dinge auf.

Um einen chinesischen Papierdrachen zu basteln,

benötigt man: ...

– vier weiße ...

2 Erkläre im Hauptteil der Vorgangsbeschreibung die Drachenherstellung Schritt für Schritt. Verwende zur Be-
●●● schreibung der Reihenfolge: *zuerst, zu Beginn, zunächst, dann, danach, anschließend, zum Schluss, schließlich* und
geeignete Verben, die du in der richtigen Form einsetzt: *farblich gestalten, anmalen, bunt malen, bemalen bepin-
seln, streichen, färben, gestalten, zeichnen, falten, befestigen.*

nimmt man die bemalten Papp-

becher und klebt sie farblich abwechselnd anein-

ander. Dabei das hintere Ende eines Bechers an

die Öffnung des   .

Argumentieren – Standpunkte schriftlich begründen

Methode	Einen Leserbrief verfassen

In einem **Leserbrief** kannst du deine **persönliche Meinung** zu einem Artikel oder Thema formulieren.

- In der **Betreffzeile** zum Leserbrief gibst du den **Zeitungsartikel** an, auf den du dich **beziehst** (▶ S. 21).
- In der **Einleitung** sagst du knapp, auf **welche Aussage des Artikels** du dich genau beziehst.
  Gib dazu **deine Meinung** an (noch ohne Begründung).
- Im **Hauptteil** äußerst du **mindestens 2 (max. 3) wichtige Argumente, deine Gründe und deine Beispiele**.
  - Führe auch Argumente aus dem Zeitungsartikel an, und zwar um ihnen zuzustimmen oder um ihnen zu widersprechen (mit Gegenargumenten).
- Zum **Schluss wiederholst** du mit anderen Worten noch einmal **deine Meinung** bzw. **deinen Standpunkt** und unterschreibst mit deinem **Namen**.

Mittwochs, dritte Stunde – Benimm-Unterricht
Peter Müller, Bonner Echo vom 3. Juni 2014

Wohlgekleidet steht Markus G. vor einer Klasse von Siebtklässlern.
Auf dem Stundenplan steht das Unterrichtsfach „Benehmen". Nicht
nur mittwochs in der dritten Stunde will er seinen Schülerinnen und
Schülern gute Manieren beibringen. Markus G. ist der Meinung,
5 dass Verhaltensweisen wie Höflichkeit, Pünktlichkeit und andere gute
Manieren häufig im Schulalltag zu kurz kommen oder viel zu wenig
von den Schülerinnen und Schülern beachtet werden.
Das Thema hat seine Berechtigung im Schulunterricht, weil von
Seiten der Industrie immer häufiger beklagt wird, dass es Bewerbern
10 oft an wichtigen Voraussetzungen für eine Berufsausbildung fehlt.
Hierzu zählt z. B. nicht nur Teamfähigkeit, sondern auch Pünktlichkeit, Disziplin, das Grüßen von
Personen oder ein gepflegter Sprachgebrauch. Markus G. berichtet beispielsweise von dem Schüler
Sebastian, der ständig seine Kappe auf dem Kopf trägt und Kaugummi kaut. Bei einem Bewerbungs-
termin könnten dies bereits Kriterien für eine Ablehnung sein. Ein weiteres Beispiel ist seine Schüle-
15 rin Jasmin, die als Hobbys Telefonieren und Chatten angibt und ständig „voll krass" in ihren Sätzen
benutzt.

1 Benenne das Thema des Zeitungsartikels: _____

2 **Markiere farbig:** die Meinung des Lehrers (grün), seine Argumente/Gründe (blau) und seine Beispiele (orange).

3 Sammle Argumente für und gegen die Einführung des Unterrichtsfachs „Benehmen". Liste in deinem Heft die Argumente aus der „Argumentkiste" geordnet auf: Argumente PRO – Argumente KONTRA

Argumentkiste

Benehmen lernt man zuhause.   Gesellschaftliche Probleme dürfen nicht auf Lehrer abgewälzt werden.
Aufgabe des Elternhauses   Eltern benehmen sich oft auch nicht richtig.   Man kann nicht seine eigenen
Wertevorstellungen allen überstülpen.   Gutes Benehmen hat noch niemandem geschadet.   Man sollte keine
Lernzeit verschwenden.   „Aller Anstand ist schwer!"   Die Förderung guter Manieren ist wünschenswert.

4 Welcher Meinung bist du? Markiere in deiner Liste zu Aufgabe 3 das Argument, das du am wichtigsten findest.

5 Verfasse einen Leserbrief zum Zeitungsartikel „Mittwochs, dritte Stunde" auf S. 20.
Du kannst die Formulierungshilfen neben den Schreiblinien nutzen.

Betr.: Mittwochs, dritte Stunde – Benimm-Unterricht; Peter Müller, Bonner Echo vom ...

Formulierungshilfen	Mein Leserbrief zum Thema „Benimm-Unterricht"
Einleitung Peter Müller vertritt in sei- nem Artikel „..." die Meinung, dass ...	*Sehr geehrte Damen und Herren,*
Genau wie er ... Im Gegensatz zum Verfasser ... meine ich/stehe ich auf dem Standpunkt/bin ich der Überzeugung, dass ...	
Hauptteil *Zustimmung:* Ich bin der gleichen Meinung wie ... Dafür spricht auch ... Ich bin wie ... der Meinung, dass/weil ...	
Widerspruch: Ich teile die Meinung nicht. Er hat zwar Recht, dass ... Aber ... Ich möchte Herrn Müller in einem Punkt widersprechen: ... Natürlich stimmt es, dass ... Aber ...	
Schluss Abschließend möchte ich noch einmal betonen, dass ...	
Name	

„Ich bin für eine Höflichkeitswoche!" – Einen Leserbrief verfassen

Du beziehst dich auf den Zeitungsartikel auf S. 20.
Du bist nicht einverstanden mit der Einführung des
Unterrichtsfachs „Benehmen".
Deshalb sprichst du dich für die Durchführung von
Höflichkeitswochen aus, wie sie auf dem nebenste-
henden Plakat vorgeschlagen werden.

Höflichkeitswoche

- Leute begrüßen (mit Namen)
- Türen aufhalten
- Bitte & Danke sagen
- zuhören
- angemessene Lautstärke
- nicht drängeln (Hofpause und Cafeteria)
- hilfsbereit sein
- höfliche Sprache

---

1 Verfasse deinen Leserbrief. Gehe so vor:

 a Ergänze in deinem Heft den Hauptteil des Leserbriefs. Nutze
   - die Schreibtipps,
   - die Formulierungshilfen und
   - die Vorschläge auf dem abgebildeten Plakat.

b Markiere die Verknüpfungswörter (*denn, weil, da, ...*), die du verwendet hast.

Sehr geehrte Redaktion vom Bonner Echo, sehr geehrter Herr Müller!

*In Ihrem Artikel „Mittwochs, dritte Stunde – Benimm-Unterricht" vom 3. Juni 2014
sprechen Sie sich für die Einführung des Unterrichtsfachs „Benehmen" aus.
Ich teile Ihre Meinung in dieser Frage nicht.*

Schreibtipps	Hauptteil meines Leserbriefs – Formulierungshilfen
Formuliere **deine Meinung** zum Thema.	*Ich bin der Meinung, dass ...* *Meiner Meinung nach ist die Durchführung von ...* *Ich bin davon überzeugt, dass ...* *Ich möchte Ihnen widersprechen ...*
Begründe deine Meinung/ deinen **Gegenvorschlag** mit einem **Argument**. **Tipp:** Nutze die „Argument-kiste" auf S. 20.	*Ich bin stattdessen dafür, dass ...* *Ich möchte dagegen folgenden Vorschlag unterbreiten: ...* *..., da ... / ..., weil ... / ..., denn ...*
Veranschauliche dein Argu-ment durch ein **Beispiel**.	*In Projektwochen haben wir immer wieder sehr konzentriert ...*

*Aus diesen Gründen möchte ich abschließend noch einmal betonen, dass ich ...
Mit freundlichen Grüßen*

(Name) _____

---

2 Übertrage den ausformulierten Leserbrief auf ein unliniertes Blatt und lege eine Schreibunterlage mit Zeilen darunter. Du kannst den Leserbrief auch am Computer tippen.

3 Vielleicht traust du dir einen Forumsbeitrag im Internet zu. Dann bearbeite die nachfolgende Seite.

„Verhaltensführerscheine"? – Einen Forumsbeitrag verfassen

In einem Internetforum wird die folgende Frage gestellt:

Jolina: Sollen Schüler verpflichtet werden, für soziale Netzwerke im Internet einen Verhaltensführerschein zu machen? Ich suche Pro- und Kontra-Argumente zum Thema!

Bodo: Ja! Denn es gibt zu viele, die von sich zu viel offenbaren und daher angreifbar sind.
Sie wissen nicht, wie man sich gegen Mobbing im Internet schützt.
Selbst Arbeitgeber schauen ins Internet, wenn sie neue Bewerber einladen. Sind dann peinliche Dinge zu finden, werden sie nicht genommen.
Ein Führerschein ist eine Anleitung, was der Einzelne daraus macht, ist eine andere Sache.

Wanda: Nein! Wozu sind denn Eltern da? Kinder sollten von ihren Eltern lernen, dass sie persönliche Daten niemals preisgeben dürfen. Wie im Leben sollten sie auch im Netz nicht fluchen und drohen. Die Zahl der „Likes" sollte nicht über das Netz transportiert werden, sondern in tatsächlichen Begegnungen mit wirklichen Freunden.
Oder brauchen Eltern einen solchen Führerschein?

1 Lies aufmerksam die beiden Forumbeiträge durch.
●●● Markiere in unterschiedlichen Farben die jeweiligen Pro- und Kontra-Argumente zur Fragestellung.

2 **a** Entscheide dich für die Pro- oder die Kontra-Seite.
●●● **b** Lege eine Liste mit weiteren Argumenten und Beispielen für deine Position an.

_____

_____

_____

_____

c Formuliere in deinem Heft einen eigenen Forumsbeitrag. Beachte die Checkliste.

Checkliste

Argumentieren – Einen Forumsbeitrag schreiben

- **Meinung:** Formulierst du deutlich deinen Standpunkt?
- **Argumente:** Nennst du zwei bis drei überzeugende Argumente für deine Meinung?
- **Beispiel:** Veranschaulichst du mindestens ein Argument durch ein Beispiel?
- **Auf einen anderen** Bist du auf den anderen Forumsbeitrag eingegangen?
  Forumsbeitrag eingehen: Hast du diesen Beitrag z. B. überzeugend entkräftet?
- **Schluss:** Fasst du am Ende deine Meinung zusammen?
  Oder machst du einen Vorschlag (z. B. Kompromiss)?

Tipp: Ihr wollt euch in einem Forum anmelden?
Verwendet **nie** euren wirklichen Namen als Benutzernamen.
Gebt **keine persönlichen Daten** (Adresse, Handynummer) an.

Reportagen und Grafiken lesen – Die Familie Chuchillo

1 Lies die folgende Textüberschrift und betrachte das nebenstehende Foto.
Notiere in Stichworten, worum es in dem Text gehen könnte.

Magdalena Hamm

Schweinchen, hilf!

Als ich die Familie Chuchillo in ihrem Haus in Peru treffe, habe ich schnell ein Fiepen im Ohr. Zuerst schaue ich mich verwundert in der Küche um. Doch ich kann nicht entdecken, wo das Geräusch her-
5 kommt. Also versuche ich, mich wieder auf die Menschen zu konzentrieren, die mir gegenübersitzen und die sich mir vorstellen wollen: Mutter Zenovia, Vater Franklin und ihre sechs Kinder – die drei Söhne Nilton, Grisol und Yoel und die drei Töchter Tania,
10 Doris und Joni. [...]
„Was ist denn das für ein Geräusch?", frage ich. „Ach, das sind nur unsere Cuys", sagt Nilton. Er ist zwölf Jahre alt und hat sich für meinen Besuch schick gemacht – er trägt eine bunte Mütze auf dem Kopf.
15 „Cuys?", frage ich verwundert. „Was sind denn Cuys?" – „Komm mit", sagt er, „ich zeige sie dir!"
Nilton verschwindet durch die offene Tür nach draußen, geht um das kleine Steinhaus herum, in dem die Küche der Familie ist, und zeigt auf einen Ver-
20 schlag mit Blechdach. „Darin halten wir unsere Cuys", sagt Nilton. Hier draußen ist das Fiepen lauter, jetzt kommt es mir auch bekannt vor. Noch ehe ich einen Blick durch die Stalltür werfe, wird mir klar: Die Geräusche stammen von Meerschwein-

chen! Und tatsächlich, der Stall ist voll mit den Tieren. [...]
Familie Chuchillo lebt in Peru, in einem winzigen Dorf hoch oben in den südlichen Anden. Von der 35 Stadt Cusco aus muss man zwei Stunden lang mit dem Auto über unebene Wege holpern, bis man zu ihrem Haus gelangt. Die Anden sind eine Gebirgskette, die sich durch ganz Südamerika erstreckt. Sie bestehen aus unzähligen Bergen, die aussehen, als 40 seien sie mit grünem Samt überzogen. Bis vor ein paar Hundert Jahren wurden die Anden von den Inkas bewohnt, einem mächtigen Indianervolk, das riesige Paläste aus Stein baute. Die Inkas hatten ihre eigene Sprache, Quechua, und die wird noch heute 45 von vielen Andenbewohnern gesprochen. Auch von Nilton und seiner Familie. „Cuy" zum Beispiel ist das Quechua-Wort für Meerschweinchen – und es ist ein

sehr passender Name für die Tiere. Denn wenn man ganz genau hinhört, dann klingt ihr Fiepen tatsächlich wie „cuy, cuy, cuy".

In Peru werden Meerschweinchen nicht als Streicheltiere gehalten, sie werden gegessen. Das klingt vielleicht erst mal fremd und fürchterlich. In dem südamerikanischen Land ist es aber so normal, wie es für viele von uns normal ist, Hühner, Kühe, Schafe oder Schweine zu essen. Für Familie Chuchillo zählt außerdem: Die Meerschweinchen sind in den Anden einfacher zu halten als Kühe oder Schweine. Hier oben wächst nicht genügend saftiges Gras, um große Tiere damit satt zu bekommen. Das wenige Getreide und die Kartoffeln, die man im kargen Boden anbauen kann, brauchen die Menschen selbst zum Essen. Außerdem kosten größere Tiere auch mehr Geld. Geld, das die Familie nicht hat. Bis vor Kurzem waren die Chuchillos so arm, dass sie kaum etwas zu essen kaufen konnten. Es gab fast immer nur Kartoffeln, die der Vater selbst anbaut. Schulhefte für ihre Kinder konnten sich die Eltern schon gar nicht leisten. Seitdem die Chuchillos aber ihre Cuys züchten, verdienen sie mit dem Verkauf der Tiere

Geld, und sie haben selbst Fleisch zum Essen. Deshalb sagt der Vater, dass es ihnen dank der Tiere viel besser geht.

Allein hätte die Familie ihre Meerschweinchenfarm allerdings nicht aufbauen können. Sie bekamen Hilfe von „Plan", einem Kinderhilfswerk. Plan schenkte der Familie Chuchillo vor zwei Jahren 22 Meerschweinchen – zwei Männchen und 20 Weibchen. Und seither haben sie sich prächtig vermehrt. Den Stall hat der Vater selbst gebaut, die Kinder helfen mit, die Tiere zu versorgen.

„Ich füttere sie mit Gras", sagt Tania. Sie ist acht Jahre alt und trägt heute einen traditionellen Andenhut, einen weiten, geblümten Rock und ein knallbuntes Tuch um die Schultern. „Wenn die Cuys Babys bekommen, trennen wir sie nach Männchen und Weibchen", sagt Tania. Das ist auch gut so, denn die kleinen Schweinchen können schon nach einigen Wochen selbst Babys bekommen, immer gleich vier oder fünf auf einmal. Familie Chuchillo muss aufpassen, dass es nicht zu viele werden, sonst wird der Stall zu eng und das Futter knapp.

2 Trafen deine Leseerwartungen zu (▶ Aufgabe 1, S. 24)? Markiere die Textstelle, die dich vielleicht überrascht hat.

3 Worum geht es in dem Text? Kreuze die treffendste Aussage an.

☐ A In dem Text geht es um verarmte Inkas und ihre Sprache Quechua, die heutzutage nur noch von wenigen gesprochen wird.

☐ B In dem Text geht es um eine Familie in Peru, die von der Aufzucht und dem Verkauf von Meerschweinchen ihr Leben bestreitet.

☐ C In dem Text geht es um einen peruanischen Jungen, der Meerschweinchen liebt und diese sammelt bzw. züchtet.

☐ D In dem Text geht es um das Leben der Bauern in Südafrika, die Schweinchen züchten, um auf diese Art ein weiteres Einkommen zu haben.

4 **a** Prüfe, ob du bestimmte Wörter im Text richtig verstanden hast.
Finde im Text die passenden Worterklärungen und schreibe sie neben das genannte Wort.

die Cuys _____   „Plan" _____

der Verschlag _____   das Fiepen _____

b Ordne auch den folgenden Begriffen aus dem Text die richtige Worterklärung zu. Ziehe Verbindungslinien.

A holpern

B Gebirgskette

C Samt

D karg

E prächtig

1 spärlich, mager, ertragsarm

2 weicher Stoff

3 großartig, wunderbar, sehr

4 eine Folge hoher Berggipfel

5 sich auf unebenem Untergrund fortbewegen

5 a Unterstreiche in der Reportage alle Sachinformationen, die du über das Land Peru, seine Ureinwohner sowie das Leben der jetzigen Einwohner erfährst.

b Notiere die Antworten zu den nachfolgenden W-Fragen:

Was erfährst du über Peru? _____

_____

_____

Welche Informationen liefert der Text über die Inkas?

_____

_____

_____

Welche Folgen hat die Cuy-Zucht für die Familie Chuchillo?

_____

_____

_____

_____

6 a Gliedere die Reportage in 4 Abschnitte.

b Schreibe die Zeilenangaben in die Übersicht und formuliere eine Zwischenüberschrift für jeden Textabschnitt.

Zeilenangaben	Überschrift

7 Verfasse in deinem Heft auf der Grundlage deiner Vorbereitungen eine Zusammenfassung. Nutze den Lückentext.

In der Reportage ... von ... geht es um ..., die in den peruanischen Anden lebt und ... Im ersten Textabschnitt wird ... vorgestellt. Dann wird das Dorf in ... Im dritten Abschnitt geht es um ... Im letzten ...

Was ich erfahre (Teil 1) – Einen Textabschnitt zusammenfassen

1
●○○

a Lies erneut den nachfolgenden Textabschnitt aus der Reportage (▶ S. 24):
- Unterstreiche Textpassagen, die sachlich informieren, grün.
- Markiere Textpassagen, die den Leser unterhalten, blau.

Familie Chuchillo lebt in Peru, in einem winzigen Dorf hoch oben in den südlichen Anden. Von der Stadt Cusco aus muss man zwei Stunden lang mit dem Auto über unebene Wege holpern, bis man zu
5 ihrem Haus gelangt. Die Anden sind eine Gebirgskette, die sich durch ganz Südamerika erstreckt. Sie bestehen aus unzähligen Bergen, die aussehen, als seien sie mit grünem Samt überzogen. Bis vor ein paar Hundert Jahren wurden die Anden von den In-
10 kas bewohnt, einem mächtigen Indianervolk, das riesige Paläste aus Stein baute. Die Inkas hatten ihre eigene Sprache, Quechua, und die wird noch heute von vielen Andenbewohnern gesprochen. Auch von 15 Nilton und seiner Familie. „Cuy" zum Beispiel ist das Quechua-Wort für Meerschweinchen – und es ist ein sehr passender Name für die Tiere. Denn wenn man ganz genau hinhört, dann klingt ihr Fiepen tatsächlich wie „cuy, cuy, cuy". 20

b Ordne die von dir unterstrichenen Sachinformationen in die folgende Tabelle ein.

Über das Leben der Familie Chuchillo erfahre ich:	Über die Inkas erfahre ich:
– lebt in Peru – …	– lebten bis vor ein paar Hundert Jahren in … – …

2
●○○

Fasse den Auszug aus der Reportage in eigenen Worten zusammen, z. B.:

In dem Auszug aus der Reportage „Schweinchen, hilf!" geht es um die Situation der Familie Chuchillo. Der Textabschnitt handelt von …

Außerdem/Ferner/Darüber hinaus wird berichtet, …

3 Wenn du noch mehr über die Familie Chuchillo erfahren möchtest, dann bearbeite die nächste Seite.

Was ich erfahre (Teil 2) – Eine Grafik zu einem Sachtext ergänzen

Methode	Karten und Grafiken beschreiben

Reportagen enthalten häufig neben dem geschriebenen Text Grafiken (Schaubilder) oder Karten.
Sie geben oft **zusätzliche Informationen** oder fassen Wichtiges aus dem Text zusammen.
Du kannst sie so erschließen und beschreiben:

- Lies zuerst die **Überschrift**. Sie nennt in der Regel das Thema.
- Beschreibe, welcher **Ausschnitt** auf der Karte gezeigt wird.
- Nutze, wenn vorhanden, die **Zeichenerklärungen** (Legende): Wofür stehen Symbole, z. B. Pfeile?

Was bedeuten bestimmte Farben? Welche Zahlen und Distanzen werden angegeben?

 1 Lies die Reportage (▶ S. 24–25) erneut durch und beschrifte mit ihrer Hilfe die Karte zum Text.
●●● Trage die Begriffe des Wortspeichers an die passenden Stellen in der Karte ein.

Wortspeicher

Anden   Peru   Cusco   Deutschland

Berlin

11 100 km

Lima

 2 Erarbeite selbst eine Grafik zum Text. Beziehe dazu auch den folgenden Textabschnitt mit ein.
●●● **a** Unterstreiche Schlüsselwörter mit neuen Informationen.

Familie Chuchillo ist schon jetzt, nach knapp zwei Jahren, viel zufriedener. Zwar müssen die Eltern einen Teil des Geldes, das sie durch den Verkauf der Tiere verdienen, wieder ausgeben, um die Meer-
⁵ schweinchen zu versorgen. Trotzdem haben sie jetzt merklich mehr als zuvor. „Wir konnten für Tania endlich eine Schultasche kaufen", erzählt der Vater Franklin. „Außerdem haben wir Pflanzensamen gekauft und bauen jetzt unser eigenes Gemüse an." Er zeigt auf die Beete, auf denen im Schatten des Hauses kleine Pflänzchen wachsen: Zwiebeln, verschiedene Sorten Kohl und Salat. ¹⁰

b Ergänze die folgende Tabelle mit passenden Schlüsselwörtern aus der gesamten Reportage.

Familie Chuchillo vor der Meerschweinchenzucht	Aufbau einer Meerschweinchenzucht	Möglichkeiten durch die Meerschweinchenzucht

Eine Kalendergeschichte untersuchen – Finderlohn?

Information **Merkmale von Kalendergeschichten**

Eine **Kalendergeschichte** ist eine **kurze Geschichte**, die **unterhalten und belehren** soll.
- Inhalt der Geschichten sind **merkwürdige oder lustige Geschehnisse im Leben meist einfacher Menschen.** Sie sollen den Leser **zum Nachdenken anregen,** denn die Geschichten zeigen, welche Stärken und Schwächen Menschen haben können.
- Kalendergeschichten enthalten in der Regel eine **überraschende Wendung** (Pointe).
- Oft wird auch eine **Lehre** formuliert, die dem Leser sagt, wie er die Geschichte auf sein eigenes Leben beziehen kann.

Johann Peter Hebel

Der kluge Richter *(1805; leicht modernisiert)*

1 Ein reicher Mann hatte eine beträchtliche Geldsumme, welche in ein Tuch eingenäht war, aus Unvorsichtigkeit verloren. Er machte daher seinen Verlust bekannt und bot, wie man zu tun pflegt, dem
5 ehrlichen Finder eine Belohnung von hundert Talern an. Da kam bald ein guter und ehrlicher Mann dahergegangen: „Dein Geld habe ich gefunden. Dies wird's wohl sein! So nimm dein Eigentum zurück!"
So sprach er mit dem heitern Blick eines ehrlichen
10 Mannes und eines guten Gewissens, und das war schön.

2 Der andere machte auch ein fröhliches Gesicht, aber nur, weil er sein verlorenes Geld wiederhatte. Denn wie es um seine Ehrlichkeit aussah, das wird
15 sich bald zeigen. Er zählte das Geld und dachte unterdessen geschwinde nach, wie er den treuen Finder um seine versprochene Belohnung bringen könnte.
„Guter Freund", sprach er, „es waren eigentlich acht-
20 hundert Taler in dem Tuch eingenäht. Ich finde aber nur noch siebenhundert Taler. Ihr werdet also wohl eine Naht aufgetrennt und Eure hundert Taler Belohnung schon herausgenommen haben. Da habt Ihr wohl daran getan. Ich danke Euch."
25 Das war nicht schön, aber wir sind noch nicht am Ende.

3 Ehrlich währt am längsten, und Undank schlägt seinen eigenen Herrn.
Der ehrliche Finder, dem es weniger um die hundert Taler als um seine unbescholtene Rechtschaffenheit 30 ging, versicherte, dass er das Päcklein so gefunden habe, wie er es bringe.
Am Ende kamen sie vor den Richter. Beide bestanden auch hier noch auf ihren Behauptungen. Der eine sagte, dass achthundert Taler eingenäht gewe- 35 sen seien, der andere erwiderte, dass er von dem Gefundenen nichts genommen und das Päcklein nicht versehrt habe. Da war guter Rat teuer.
Aber der kluge Richter, der die Ehrlichkeit des einen und die schlechte Gesinnung des anderen zu ken- 40 nen schien, griff die Sache so an: Er ließ sich von beiden über das, was sie aussagten, eine feste und feierliche Versicherung geben und tat hierauf folgenden Ausspruch: „Wenn der eine von euch achthundert Taler verloren, der andere aber nur ein Päcklein 45 mit siebenhundert Talern gefunden hat, so kann auch das Geld des Letzteren nicht das nämliche sein, auf welches der Erstere ein Recht hat. Du, ehrlicher Freund, nimmst also das Geld, welches du gefunden hast, wieder zurück und behältst es in guter Verwah- 50 rung, bis der kommt, welcher nur siebenhundert Taler verloren hat. Und du da geduldest dich, bis derjenige sich meldet, der deine achthundert Taler findet."
So sprach der Richter, und dabei blieb es.

1 **Kreuze an, welche Aussage den Inhalt der Geschichte am besten trifft. Die Kalendergeschichte handelt von …**

☐ A ... einem reichen Mann, der von einem unehrlichen Finder betrogen wird, indem er ihm das verlorene Geld nicht zurückgibt

☐ B ... einem reichen Mann, der sein verlorenes Geld von einem ehrlichen Finder zurückerhält und ihn dafür entsprechend belohnt.

☐ C ... einem Streit um eine Belohnung zwischen einem ehrlichen Finder und einem unehrlichen, reichen Mann.

2 Hebels Geschichte ist mehr als 200 Jahre alt. Sie enthält Wörter, die wir heute nicht mehr oft gebrauchen. Ordne den markierten Wörtern im Text die richtige Erklärung zu. Ziehe Verbindungslinien.

1	beträchtlich (Z. 1)		A	gleichzeitig, inzwischen
2	Taler (Z. 5)		B	richtig handeln
3	unterdessen (Z. 15 f.)		C	anständig, ehrlich
4	wohl daran tun (Z. 24)		D	früher eine Münze von relativ hohem Wert
5	unbescholten (Z. 30)		E	groß, enorm, beachtlich
6	Rechtschaffenheit (Z. 30)		F	ebendas, ebendies
7	nicht versehrt (Z. 37 ff.)		G	Ehrenhaftigkeit, Anständigkeit
8	das nämliche (Z. 47)		H	nicht beschädigt

3 Wie werden die Figuren in der Kalendergeschichte beschrieben?

a Wähle aus dem Wortspeicher geeignete Adjektive aus. Markiere sie mit unterschiedlichen Farben:

gelb = Richter, blau = der ehrliche Finder, grün = der reiche Mann.

> Wortspeicher
>
> reich   arm   vorsichtig   unvorsichtig   großzügig   freundlich   unfreundlich   dumm   klug
> ehrlich   unehrlich   gut   böse   hinterlistig   offen   trickreich   natürlich   dankbar   undankbar
> geizig   intelligent   schlau

b Finde Textbelege, um deine Zuordnung der Adjektive zu untermauern. Arbeite im Heft.

Richter	der ehrliche Finder	der reiche Mann
_____	_____	*großzügig: „Er [...] bot [...]*
_____	_____	*eine Belohnung von 100 Talern*
_____	_____	*an." (Zeile 3–6)*
_____	_____	

c Beschreibe mit Hilfe deiner Vorarbeiten eine der Figuren in einem zusammenhängenden Text in deinem Heft.

4 **a** Prüfe, ob es sich bei Hebels „Der kluge Richter" um eine Kalendergeschichte handelt. Kreuze an.
b Korrigiere in deinem Heft die Sätze, die du als nicht zutreffend angekreuzt hast, so, dass sie passen.

Die Kalendergeschichte „Der kluge Richter" ...	richtig	falsch
A ... ist eine kurze Geschichte, die unterhält.	☐	☐
B ... enthält merkwürdige oder lustige Geschehnisse.	☐	☐
C ... handelt von sehr berühmten Menschen.	☐	☐
D ... hat keine überraschende Wendung.	☐	☐
E ... beinhaltet eine Lehre.	☐	☐
F ... regt den Leser zum Nachdenken an.	☐	☐

Die Geschichte Schritt für Schritt – Ein Flussdiagramm

1 Veranschauliche den Handlungsverlauf der Kalendergeschichte „Der kluge Richter" (▶ S. 29) mit Hilfe eines
●○○ Flussdiagramms. Ergänze die fehlenden Angaben.

Ein reicher Mann verliert …

_____

Er verspricht …

_____

Ein ehrlicher Finder …

_____

Der reiche Mann überlegt, wie er den …

_____

Er behauptet, dass ursprünglich …

_____

Der reiche Mann unterstellt dem Finder, …

_____

Der ehrliche Finder ist besorgt um …

_____

Der Fall kommt vor …

_____

Der Richter lässt sich von beiden versichern, dass sie …

_____

Der Urteilsspruch lautet: Der Finder …

_____

Der reiche Mann soll warten, bis …

_____

2 Formuliere für die drei Textabschnitte je eine Zwischenüberschrift.
●○○ Deine Zwischenüberschrift soll aussagen, worum es in dem Abschnitt hauptsächlich geht.

Abschnitt 1: _____

Abschnitt 2: _____

Abschnitt 3: _____

3 Möchtest du dich noch ausführlicher mit Hebels Kalendergeschichte beschäftigen und sie besser verstehen?
Dann bearbeite die folgende Seite.

Der Sinn der Geschichte – Die Pointe und die Lehre untersuchen

1 Lies noch einmal die Kalendergeschichte „Der kluge Richter" (▶ S. 29).
●●●

a In welchem Textabschnitt wendet sich die Geschichte überraschend?

Notiere Abschnitt und die genauen Zeilen: _____

b Worin besteht die überraschende Wendung (Pointe) in der Kalendergeschichte? Kreuze an.

☐ A Durch das Urteil darf der ehrliche Finder das Geld des betrügerischen Reichen behalten.

☐ B Der reiche Mann hätte nicht gedacht, dass der ehrliche Finder deswegen vor Gericht geht.

☐ C Es muss noch eine weitere verlorene Geldsumme geben, die genau 800 Taler umfasst.

☐ D Das Geld wird zwischen dem Reichen und dem Finder geteilt, sodass beide davon etwas haben.

2 Suche im Text den folgenden Satz:
●●●

„Ehrlich währt am längsten, und Undank schlägt seinen eigenen Herrn."

a Notiere die Zeilenangabe: _____

b Formuliere mit eigenen Worten, wie du diesen Satz verstehst. Was kann passieren, wenn man unehrlich ist?
Tipp: Beachte das Ende der Geschichte.

_____

_____

_____

_____

c Prüfe, ob dein Verständnis des Satzes mit einer der folgenden Aussagen übereinstimmt. Kreuze an.

Aus der Geschichte kann man lernen, dass …

☐ … Ehrlichkeit und Aufrichtigkeit im Leben siegen.

☐ … man sich nicht von unfairen Menschen einschüchtern lassen soll.

☐ … Gerichte korrekte Urteile fällen.

☐ … Reichtum wichtiger ist als Ehrlichkeit.

d Vergleiche die Zeilenangabe der „Lehre" (▶ Aufgabe 2 a) mit der Zeilenangabe der „Pointe" (▶ Aufgabe 1).
Was fällt dir auf? Erläutere den Zusammenhang:

Sowohl die Lehre als auch die _____ *stehen im* _____

Denn erst, indem der Richter _____

_____

3 Auf welche Situationen aus deinem Leben kannst du die Lehre der Kalendergeschichte anwenden?
●●● Denke z. B. an Schule, zu Hause, Freundeskreis, Medien etc. Halte dein Beispiel in Stichworten im Heft fest.
Tipp: Sprich über deine Erkenntnis mit einem Freund oder jemandem aus deiner Familie.

Eine Inhaltsangabe schreiben – Eine Lehre für das Leben

Information	Inhalte zusammenfassen – Die Inhaltsangabe

Mit einer Inhaltsangabe fasst man den Inhalt eines Textes **knapp und sachlich** zusammen.

- In der **Einleitung** werden die Textsorte (z. B. Kalendergeschichte, Fabel), der Titel, der Name des Autors/der Autorin und das Thema genannt.
- Im **Hauptteil** werden die **wichtigsten Ereignisse** in der **richtigen Abfolge** kurz dargestellt.
- Im **Schlussteil** wird die Textabsicht oder **Lehre** der Geschichte formuliert. Inhaltsangaben formuliert man **sachlich** und möglichst **mit eigenen Worten**.
- Man vermeidet ausschmückende oder **wertende Ausdrücke**.
- Inhaltsangaben formuliert man im **Präsens**.
- **Äußerungen von Figuren** sollte man in der **indirekten Rede** wiedergeben.
  Die **indirekte Rede** steht **ohne Anführungszeichen,** z. B.: *Er sagte, das **sei** eine merkwürdige Geschichte.*

Johann Peter Hebel

Der Star von Segringen *(1805; Text modernisiert)*

1 **a** Betrachte die Abbildung und lies nur den Titel der folgenden Kalendergeschichte. Überlege, um welche Hauptfigur es in der Geschichte geht.
 b Lies nur die markierten Wörter. Stelle mit ihrer Hilfe Vermutungen über die Handlung der Geschichte an.

Der Friseur im Ort Segringen besaß als Haustier einen Star, dem sein Lehrling Unterricht im Sprechen gab. Der Star lernte nicht nur alle Wörter, die ihm sein Lehrer beibrachte, sondern er ahmte zuletzt
5 auch selbst nach, was er hörte, zum Beispiel: „Ich bin der Friseur von Segringen."
Der Friseur wiederholte häufig Ausdrücke, wie z. B.: „Soso, lala" oder: „par compagnie", (das heißt so viel wie: „in Gesellschaft mit anderen") oder „Du Toll-
10 patsch!" Alle diese Ausdrücke lernte nach und nach der Star. Da nun täglich viele Leute im Haus waren, gab's manchmal viel zu lachen, wenn die Gäste miteinander ein Gespräch führten. Dann warf der Star eins von seinen Wörtern ein, als wenn er sie verste-
15 hen würde. Manchmal rief ihn der Lehrling zum Beispiel: „Hansel, was machst du?" Auf seine Frage antwortete der Star: „Du Tollpatsch!", und alle Leute in der Nachbarschaft wussten von dem Tier zu erzählen. Eines Tages aber, als das Fenster offen und das
20 Wetter schön war, da dachte der Star: „Ich hab jetzt schon so viel gelernt, dass ich die Welt erkunden kann", und flog zum Fenster hinaus. Weg war er. Sein erster Flug ging ins Feld. Dort mischte er sich

unter eine Gesellschaft anderer Vögel, und als sie davonflogen, flog er mit ihnen. Aber sie flogen un- 25 glücklicherweise alle miteinander in ein Fangnetz. Als der Vogelfänger kam und sah, was er für einen großen Fang gemacht hatte, nahm er einen Vogel nach dem anderen behutsam heraus. Dann drehte er ihnen den Hals um und warf sie auf den Boden. Als 30 er aber die mörderischen Finger wieder nach einem Gefangenen ausstreckte, da schrie dieser Vogel: „Ich bin der Friseur von Segringen", als wenn er wüsste, dass ihn dies retten konnte. Der Vogelfänger erschrak zunächst und dachte, dass es nicht mit rech- 35 ten Dingen zuginge. Als er sich aber erholt hatte, konnte er sich vor Lachen kaum halten. Er sagte: „Ach Hansel, hier hätte ich dich nicht gesucht. Wie kommst du in mein Fangnetz?"
Da antwortete der Hansel: „Par compagnie." 40
Schließlich brachte der Vogelfänger den Star seinem Herrn wieder und bekam eine gute Belohnung.
Merke: So etwas passiert einem Vogel selten. Aber schon mancher junge Mensch, der auch lieber ein Abenteuer erleben wollte, als daheimzusitzen, ist 45 ebenfalls „par compagnie" in eine Falle geraten.

2 Welche der folgenden Aussagen fasst die Kalendergeschichte am besten zusammen? Kreuze an.

- ☐ **A** Die Kalendergeschichte beschreibt das Schicksal eines komischen Vogels aus dem Ort Segringen.
- ☐ **B** Die Kalendergeschichte beschreibt die glückliche Rettung eines sprechenden Vogels aus dem Ort Segringen.
- ☐ **C** Die Kalendergeschichte beschreibt die sprachlichen Lehrmethoden eines Friseurs aus dem Ort Segringen.

Einleitung, Hauptteil, Schluss – Geschichten zusammenfassen

Eine Einleitung formulieren

1 Beginne die Inhaltsangabe stets mit einer kurzen Einleitung, die allgemeine Angaben zum Text enthält.
●○○ Vervollständige die folgende Einleitung zu Hebels „Der Star von Segringen" (▶ S. 33).

Die Kalendergeschichte „_____" von

_____ stammt aus dem Jahre _____ und

hat das glückliche Schicksal eines _____ zum Inhalt.

Den Hauptteil verfassen

2 Im Hauptteil einer Inhaltsangabe werden die wichtigsten Ereignisse in der vorgegebenen Reihenfolge zusam-
●○○ mengefasst. Setze den folgenden Hauptteil fort. Nutze die Verknüpfungswörter aus der Randspalte.

Der Friseur von Segringen besitzt einen zahmen Star, dem der Lehrjunge Unterricht

im Sprechen gibt. Der Vogel ist sehr schlau und lernt viele Wörter und Ausdrücke, die

er immer wieder aufsagt. Eines ...

> **Verknüpfungswörter**
> Eines Tages
> Dann
> Nachdem
> Kurz darauf
> In dem Augenblick, als
> Schließlich

Den Schlussteil schreiben

3 In den Schlussteil der Inhaltsangabe zu einer Kalendergeschichte gehört die Lehre.
●○○ Lies das folgende Zitat, um einen geeigneten Schluss für die Inhaltsangabe zu formulieren.

Z. 43 ff.: „Aber schon mancher junge Mensch, der auch lieber ein Abenteuer erleben wollte, als daheimzusitzen, ist ebenfalls ‚par compagnie' in eine Falle geraten."

Die Kalendergeschichte soll junge Leute davor warnen, ...

Die indirekte Rede verwenden – Geschichten zusammenfassen

Checkliste

Eine Inhaltsangabe zu einer Kalendergeschichte schreiben

- Ist die **Einleitung vollständig**: Textsorte, Titel, Name des Autors/der Autorin, Thema?
- Sind im **Hauptteil** die **wichtigsten Handlungsschritte** in der richtigen **Reihenfolge** wiedergegeben?
- Steht im **Schlussteil** die **Lehre** der Geschichte? Wurde sie **mit eigenen Worten** ausgedrückt?
- Ist die Inhaltsangabe **sachlich** formuliert?
- Ist die Inhaltsangabe im **Präsens** verfasst?
- Wurde die direkte Rede aus der Geschichte in die **indirekte Rede** umgewandelt?

1 Wandle die folgenden Zitate aus der Kalendergeschichte in die indirekte Rede um.
●●● **Tipp:** Das Verb steht in der indirekten Rede normalerweise im Konjunktiv I (Möglichkeitsform: *sei*) und nicht im Indikativ (Wirklichkeitsform: *ist*).

Zitate	indirekte Rede
Der Lehrling fragte: „Hansel, was machst du?" (Z. 15–16)	
Auf seine Frage antwortete der Star: „Du Tollpatsch." (Z. 16–17)	*Auf seine Frage antwortet der Star, dass dieser ein ...*
... da dachte der Star: „Ich hab jetzt schon so viel gelernt, dass ich die Welt erkunden kann." (Z. 20–22)	
... da schrie dieser Vogel: „Ich bin der Friseur von Segringen." (Z. 32–33)	

2 Schreibe eine Inhaltsangabe zu dieser Kalendergeschichte in dein Heft.
●●● Verwende mindestens zwei Sätze in der indirekten Rede.

3 Prüfe zum Schluss deine Inhaltsangabe mit der Checkliste.
●●● Überarbeite deine Inhaltsangabe gegebenenfalls.

Eine Ballade gestaltend vortragen – Heines „Lorelei"

1 Balladen eignen sich besonders gut zum Vortragen. Dies muss man mehrfach üben.
Lies die Ballade „Die Lorelei" so oft durch, bis du die Handlung genau vor Augen hast.

2 Als Lesehilfe für den Vortrag wurde die erste Strophe bereits mit Zeichen versehen.
Nutze sie für deinen wirkungsvollen Vortrag. Ergänze die Zeichen für die restlichen Strophen.

▨ = Betonung wichtiger Wörter	↗ = Stimme heben, lauter werden
I = kurze Pause	↘ = Stimme senken, leiser werden
II = längere Pause	___ = beschleunigen
	___ = langsam und regelmäßig sprechen

3 Notiere in der Spalte rechts neben der Ballade, in welcher Stimmung du die jeweiligen Verse vortragen möchtest, z. B.: *traurig, verzweifelt, bedrohlich, …*

Heinrich Heine

Die Lorelei *(1824)*

Ich weiß nicht, was soll es bedeuten, I *fragend, nachdenklich*
Dass ich so traurig bin; ↘ II   *unglücklich*
Ein Märchen aus alten Zeiten, ↗
Das kommt mir nicht aus dem Sinn. _____

5 Die Luft ist kühl, und es dunkelt,
Und ruhig fließt der Rhein; _____
Der Gipfel des Berges funkelt
Im Abendsonnenschein. _____

Die schönste Jungfrau sitzet _____
10 Dort oben wunderbar,
Ihr goldnes Geschmeide blitzet, _____
Sie kämmt ihr goldnes Haar;

Sie kämmt es mit goldenem Kamme _____
Und singt ein Lied dabei;
15 Das hat eine wundersame, _____
Gewaltige Melodei.

Den Schiffer im kleinen Schiffe _____
Ergreift es mit wildem Weh;
Er schaut nicht die Felsenriffe, _____
20 Er schaut nur hinauf in die Höh'.

Ich glaube, die Wellen verschlingen _____
Am Ende Schiffer und Kahn;
Und das hat mit ihrem Singen _____
Die Lorelei getan.

4 Probe deinen Gedichtvortrag vor einer Freundin, einem Freund oder vor deinen Eltern.
Tipp: Vielleicht kannst du dich auch aufnehmen, während du den Gedichtvortrag übst.

Das kann ich schon! – Wortarten, Zeitformen, Sätze

1 **a** Schon einmal etwas von „Blobbing" gehört? Lies den Text, in dem die markierten Nomen durch *Pronomen* ersetzt werden können. Streiche die *Pronomen* durch, die nicht passen.

Blobbing –

Professionelles Wasserplatschen

Wer gern aus der Höhe ins Wasser springt, hat vielleicht schon vom „Blobbing" gehört, einer neuen

ihr/sie/ihnen   *ihn/es/sie*

Sportart. Wassersportler begegnen der Sportart sehr aufgeschlossen und haben die Sportart zu ihrer

neuen Lieblingsfreizeitbeschäftigung auserkoren. Beim „Blobbing" wird gesprungen. Deshalb müssen

Ihnen/Sie/Ihr

die Teilnehmer bestimmte Sicherheitsvorkehrungen beachten. Die Teilnehmer müssen Helm und

ihnen/sie/ihm

Schwimmweste tragen. Zudem ist es den Teilnehmern nur erlaubt, in tiefes Wasser zu springen.

b Personalpronomen (grün), Possessivpronomen (gelb) oder Demonstrativpronomen (blau)? Umrahme in den Aussagen alle Pronomen in der angegebenen Farbe.

Blobbing? – Für mich die Entdeckung dieses Sommers!

Blobbing? – Das ist unsere neue Lieblingssportart!

2 **a** Betrachte das Bild und ergänze in den Lücken die nachstehenden Präpositionen:
für *mit* *in* *durch* *in* *auf* *von* *auf* *auf*
Setze auch die in Klammern angegebenen Artikel im richtigen Kasus (Fall) ein.

b Bestimme den Kasus (Fall) des Nomens.
Notiere in Klammern: Nominativ = N, Genitiv = G, Dativ = D, Akkusativ = A.
Tipp: Nicht jeder Kasus (Fall) kommt im Text vor.

Für das (das) „Blobbing" (**A**) füllt man einen Gummischlauch *mit* Luft (__). Dieser schwimmt

_____ (das) Wasser (__). _____ _____ (das) Schlauchende (__) sitzt der „Blobber". Ein „Jumper" springt

_____ _____ (ein) Turm (__) _____ _____ (der) Schlauch (__). Dadurch wird der „Blobber" _____

_____ (die) Höhe (__) und dann _____ _____ (das) Wasser (__) geschleudert. Ziel: möglichst hoch und

akrobatisch _____ _____ (die) Luft (__) zu fliegen.

3 Welches der drei genannten Adjektive passt jeweils?
Ergänze das richtige mit der passenden Endung.

PUNKTE

Für das „Blobbing" braucht man einen _stabilen_ (stabil, schwer, eckig) Gummischlauch, einen _____

_____ (eng, alt, hoch) Sprungturm, _____ (flach, tief, dunkel) Wasser und natürlich _____

_____ (schön, schwer, sportlich) Teilnehmer. Was man sonst noch benötigt? Einen _____ (groß,

kalt, sonnig) Tag, _____ (leise, aufmerksam, schnell) Zuschauer und _____ (nett,

gerecht, neu) Juryentscheidungen. Danach hat man sich wirklich eine _____ (lang, gut, jung)

Pause und ein _____ (rund, bunt, lecker) Eis verdient.

4 a Präsens (gelb), Präteritum (blau), Plusquamperfekt (braun) oder Futur I (grün)?
Unterstreiche die folgenden vier Beispiele in der angegebenen Farbe.

PUNKTE

| Ich sprang. | Ich werde springen. | Ich war gesprungen. | Ich springe. |

b Kreuze an: Beim Verb „springen" handelt es sich um ein ☐ starkes Verb ☐ schwaches Verb.

PUNKTE

c Ergänze im Text die in Klammern gesetzten Verben im Präsens, Plusquamperfekt,
Präteritum oder Futur I.
Tipp: Bei einem Verb musst du zwei Lücken ergänzen.

PUNKTE

In zwei Wochen _____ (stattfinden) wieder der

alljährliche „Blobbing Battle" am Stadtparksee _____ .

Die Veranstalter _____ (hoffen) auf gutes Wetter und

zahlreiche Zuschauer. Im letzten Jahr _____ (gewinnen)

ein Team aus München, das die Rekordhöhe von 17 Metern

_____ (erreichen). Nachdem die Jury einen der Teilnehmer zunächst wegen

eines Formfehlers _____ (ausgeschlossen), _____ (erkennen) sie die

Leistung schließlich doch an. Ob jemand den Rekord in diesem Jahr _____ (brechen)?

d Bestimme alle Satzglieder des ersten Satzes: Unterstreiche sie in unterschiedlichen Farben, z. B.:
Subjekt (blau), Prädikat (grün), adverbiale Bestimmung des Ortes (braun)/der Zeit (orange).

PUNKTE

5 Prüfe deine Lösungen und die Punktzahl mit Hilfe des Lösungsheftes (▶ S. 11).

GESAMT

Wortarten unterscheiden – Lebensraum Meer

Nomen und Adjektive verwenden

- Mit Nomen werden **Dinge, Lebewesen, Gedanken und Ideen** bezeichnet. Man **schreibt sie groß**.
- Nomen werden häufig von **bestimmten Artikeln** (*der, die, das*) oder **unbestimmten Artikeln** (*ein, eine, ein*) begleitet. Der Artikel richtet sich nach dem **grammatischen Geschlecht** (nach dem Genus), z. B.: Maskulinum: *der/ein Ozean*, Femininum: *die/eine Welle*, Neutrum: *das/ein Meerestier*.
- Nomen stehen entweder in der **Einzahl** (Singular) oder in der **Mehrzahl** (Plural), z. B.: *der/ein Delfin → die Delfine*   *die/eine Qualle → die Quallen*   *das/ein Walross → die Walrosse*.

1 Nomen zum Thema „Meer" gesucht!
Ergänze im Kreuzworträtsel die gesuchten Nomen in Großbuchstaben.

senkrecht: 1) Brille, die man zum Tauchen benötigt, 4) heftiger, starker Wind, 6) große Robbe, 7) Fortbewegungsmittel auf dem Wasser, 9) Wassermasse, die sich von der Wasseroberfläche hervorhebt, 10) Wassertiere, die mit Kiemen atmen, 13) Wasservogel, meist mit weißen Federn, 14) Masse, die am Meer liegt und aus sehr kleinen Steinen besteht, 15) frischer Wind, 16) großer Raubfisch mit sehr scharfen Zähnen, 17) meist rot-weißer Turm, der Schiffen Orientierung bietet

waagerecht: 2) kleiner, halbrunder Gegenstand, den man oft im Sand findet, 3) Land, umgeben von Wasser, 5) Seemann auf einem Schiff, 8) durchsichtiges, glockenförmiges Meerestier, oft mit langen Fangarmen, 11) stacheliges Meerestier, 12) Weltmeer, 18) Gegenteil von Flut

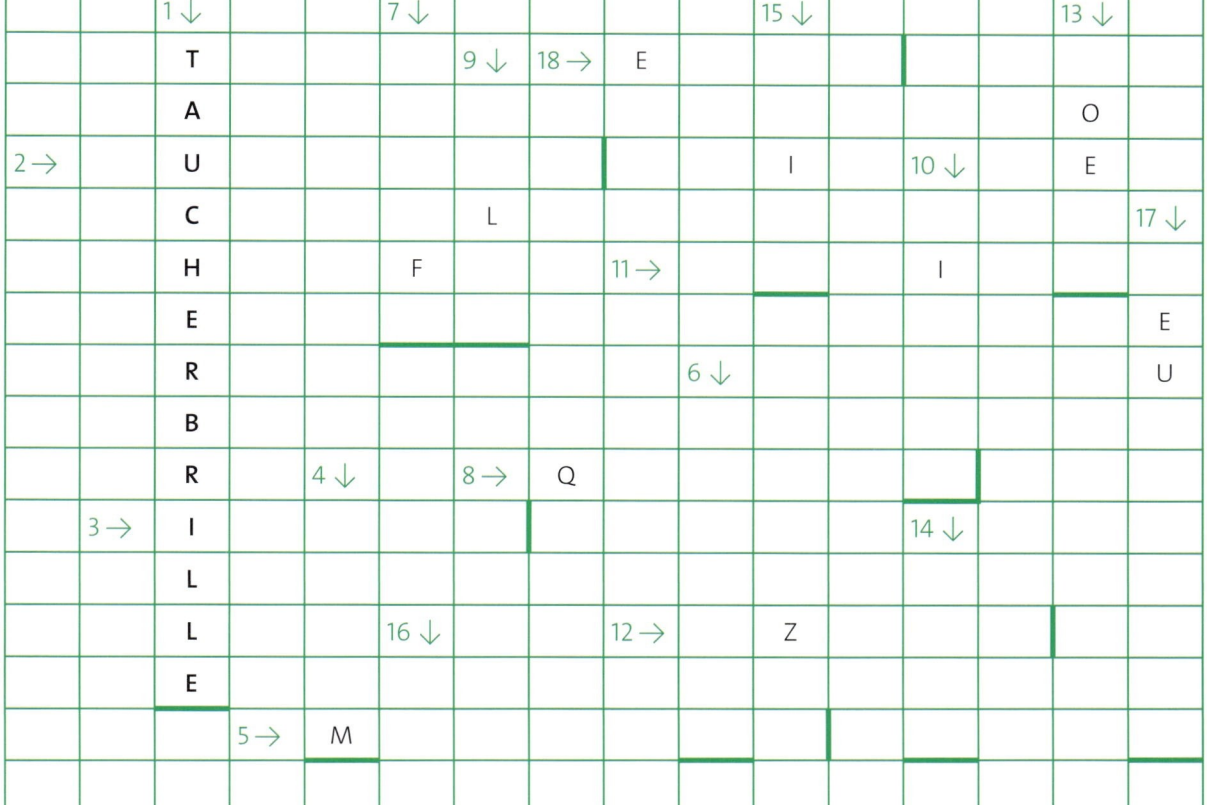

Information Adjektive (Eigenschaftswörter) als Begleiter von Nomen

- Adjektive dienen dazu, Personen, Dinge usw. genauer zu beschreiben, z. B.: *die **kleine** Qualle*.
- Als Begleiter des Nomens trägt das Adjektiv nach bestimmtem Artikel die Endung *-e* oder *-en*.
  Nomen treten in einem von **vier Kasus (Fällen)** auf:

  – Nominativ **(Wer oder was?)**:   *das tiefe Meer*   *die große Insel*   *der kleine Fisch*

  – Genitiv **(Wessen?)**:   *des tiefen Meeres*   *der großen Insel*   *des kleinen Fischs*

  – Dativ **(Wem?)**:   *dem tiefen Meer*   *der großen Insel*   *dem kleinen Fisch*

  – Akkusativ **(Wen oder was?)**:   *das tiefe Meer*   *die große Insel*   *den kleinen Fisch*

2 Welches Adjektiv passt?
Verbinde mindestens 10 Nomen aus dem Kreuzworträtsel (▶ S. 39) mit einem passenden Adjektiv aus dem folgenden Wortspeicher. Verwende jeweils einen bestimmten Artikel wie im Beispiel.
Tipp: Du kannst die Adjektive mehrfach verwenden.

Wortspeicher

durchsichtig klein weiß stark giftig stachelig groß hoch alt schnell
gefährlich angriffslustig jung schwer bunt gelb weich

die durchsichtige Taucherbrille, ...

3 Wale haben sich bestens an ihren Lebensraum im Wasser angepasst.
  a Welches Adjektiv in Klammern veranschaulicht sinnvoll das unterstrichene Nomen? Setze das richtige Adjektiv ein. Streiche die Adjektive, die nicht passen.

Wale – Wasser ist ihr Element

Wale besitzen eine *dicke* <u>Hautschicht</u> (*dick, s̶c̶h̶w̶e̶r̶, r̶u̶n̶d̶*), um die Körper-

temperatur zu halten. Mit Hilfe ihres _____

<u>Körpers</u> (*breit, stromlinienförmig, jung*) verringern sie den Wasserwiderstand.

Ihre _____ <u>Hautrillen</u> (*laut, schwer, fein*) verhindern, dass größere Wasserwirbel entstehen.

Um Gewicht zu sparen, besitzt der Wal _____ <u>Knochen</u> (*dick, schwer, leicht*).

  b Beschreibe ein anderes Tier, das sich gut an das Leben im Wasser angepasst hat.
    Nutze treffende Adjektive. Schreibe in dein Heft, z. B.:
    Mit Hilfe ihrer breiten Flossen können Schildkröten ...
    Die schuppige Haut des Hais ...

Nomen und Präpositionen verwenden

Information	Präposition

- **Präpositionen** (Verhältniswörter) sind z. B.: *in, auf, vor, durch, mit, an, aus*. Sie bezeichnen genauer

	den Ort	die Zeit	den Grund, Zweck	die Art und Weise
Frage	Wo? Wohin? Woher?	Wann? Wie lange? Seit wann?	Warum? Wozu? Warum nicht?	Wie?
Beispiel	*aus* dem Meer *auf* die Insel *in* die Luft	*vor* vielen Jahren *seit* gestern *um* 8:00 Uhr	*wegen* des Seebebens *infolge* des Sturms *aus* diesem Grund	*durch* Wellenkraft *mit* diesem Boot *ohne* ein Ruder

- Manche Präpositionen können in unterschiedlicher Weise verwendet werden, z. B.: *in* der Erdatmosphäre (Ort), *in* diesem Jahrhundert (Zeit), *in* kleinen Häppchen (Art und Weise).
- Präpositionen können mit dem folgenden Artikel verschmelzen, z. B.: an dem → am; bei dem → beim; in dem → im; auf das → aufs.

1 **Achtung Fehler! Bei diesen Aussagen stimmt etwas nicht!**
a Unterstreiche in den Aussagen alle Präpositionen.
b Welche Präposition aus dem Wortspeicher passt jeweils besser? Streiche durch und schreibe darüber.

Wortspeicher

| in | vor | ohne | mit | von | wegen | vor | seit |

Siehst du den großen Fisch *mit* ~~von~~ dem riesigen Maul?

Hinter dem Fass sitzt ein Seeigel.

Nach dem Bullauge schwimmt ein Hai.

Siehst du die merkwürdigen Flossen seit dem schwarzen Fisch?

Mit 9:00 Uhr kann man die Fütterung der Fische beobachten.

Aus ihrer guten Tarnung kann ich nicht alle Fische finden.

Scheinbar auf Anstrengung schwimmt dieser Hai an dem Becken.

2 **Was könntest du in einem Aquarium entdecken? Notiere Sätze mit passenden Präpositionen in dein Heft, z. B.:**
An der Wasseroberfläche schwimmt ein Schwarm Fische. Der Hai mit den ...

Pronomen verwenden

Information	Personalpronomen, Possessivpronomen, Demonstrativpronomen

- **Pronomen** (Fürwörter) stehen stellvertretend für Nomen oder begleiten Nomen.
- **Personalpronomen** sind: *ich, du, er/sie/es, wir, ihr, sie.*
  Sie treten in verschiedenen Kasus (Fällen) auf, z. B.: *ich* (Nominativ), *mir* (Dativ), *mich* (Akkusativ).
- **Possessivpronomen** sind: *mein, dein, sein/ihr, unser, euer, ihr* usw. Sie zeigen den Besitz an.
  Oft begleiten sie Nomen, z. B.: *unsere Wasserversorgung, ihr Fischteich.*
- **Demonstrativpronomen** sind: *dieser, diese, dieses; jener, jene, jenes; solcher, solche, solches* usw.
  Sie weisen auf etwas hin.

1 a Durch welche Pronomen kannst du die markierten **Nomen** (und ihre Begleitwörter) ersetzen?
  Wähle aus dem Wortspeicher aus. Schreibe das jeweils passende Pronomen wie im Beispiel darüber.
  b Kennzeichne mit Hilfe eines Pfeils, auf welches Nomen im Text sich die Pronomen jeweils beziehen.
  Tipp: Nicht alle Pronomen aus dem Wortspeicher können eingesetzt werden.

> Wortspeicher
>
> es   ihnen   es   diesem   sie   sie   es   dieser   sie   diesen   ihm   sie   ihr   ihm

Wie entsteht Regen?

Woher kommt eigentlich das Wasser, das als Niederschlag auf die Erde fällt? Man hat festgestellt, dass

es ⟶

Wasser aus vielen kleinen, sich bewegenden Wassertropfen besteht. Die Sonne erwärmt die Wassertropfen

und trennt **die Wassertropfen** voneinander. Danach steigen **die Wassertropfen** als Dampf in den Himmel. Da

das Meer besonders viel Wasser enthält, steigt von **dem Meer** auch besonders viel auf. Das Wasser verdunstet

und gelangt in kühlere Luftschichten. In **diesen kühleren Luftschichten** entstehen Wolken, indem die Tropfen

zusammengedrückt werden. Bevor es regnet, werden **die Wolken** immer dichter und dunkler. Wenn sich in

den Wolken zu viele Wassertropfen angesammelt haben, fällt Regen, Schnee oder Hagel auf die Erde. Der

Niederschlag wird zum Beispiel von den Pflanzen aufgenommen. **Der Niederschlag** wird dann zu Grundwas-

ser, woraus z. B. Trinkwasser hergestellt wird. Das Wasser, das sich in den Gewäs-

sern sammelt, fließt zurück in unser Meer. Und in **dem Meer** beginnt der Wasser-

kreislauf erneut.

2 In welchem Kasus (Fall) stehen jeweils die markierten Nomen und die Pronomen?
  Unterstreiche in der angegebenen Farbe: Nominativ (blau), Dativ (grün),
  Akkusativ (gelb).

3 Ordne die von dir eingesetzten Pronomen in einer Liste im Heft wie folgt ein:

Personalpronomen: *es*, …   Demonstrativpronomen: …

4 a Unterstreiche das Nomen (mit zugehörigem Artikel), das sich jeweils im Satz B wiederholt.

b Ersetze das unterstrichene Nomen durch ein passendes Personalpronomen aus dem Wortspeicher.
Schreibe es über das Nomen, das du ersetzt.

Tipp: Nicht alle Personalpronomen aus dem Wortspeicher können eingesetzt werden.

Wortspeicher

ihn   es   sie   ihnen   ihm   es   sie   ihr

A Wasserdampf bildet Wolken.

A In einem See sammelt sich Wasser.

A Die Wettersysteme tragen die Wolken übers Land.

A In der Höhe gefriert das Wasser.

B Wolken bestehen aus kondensiertem Wasser.

B Aus dem See steigt ebenfalls Wasserdampf auf.

B Regen fällt aus den Wolken auf die Erde.

B Das Wasser fällt als Schnee.

5 Drücke aus, was wozu „gehört". Nutze die Possessivpronomen im Wortspeicher und ergänze die Lücken.

Wortspeicher

ihre   seinen   seinen   unser   ihre   ihrem   seinen

Wolken ändern _____ Position.

Wir kümmern uns um _____ Trinkwasser.

Wasser sucht sich _____ Weg.

Salz- und Süßwasser unterscheiden sich in _____ Salzgehalt.

Pflanzen suchen _____ Wasserquellen.

Ein See verändert _____ Wasserspiegel.

Das Wasser beginnt _____ Kreislauf erneut.

6 Welches Demonstrativpronomen passt jeweils zum markierten Wort im Satz davor? Umrahme es.

Tipp: Nutzt man *dieser* und *jener* gemeinsam, bezieht sich *dieser* auf das zuletzt genannte Wort.

Was Wasser kann

Wasser kann flüssig, fest oder gasförmig sein und damit einen so genannten Aggregatzustand einnehmen. *Diese/Dieser/Dieses* kann sich je nach Temperatur immer wieder verändern. Gefriert Wasser, entsteht Eis, wird es stark erhitzt, wird es zu Dampf. Während *jenes/jener/jenem* also Temperaturen unter null Grad benötigt, braucht *diesem/dieser/dieses* über 100 Grad, um überhaupt gasförmig sein zu können. Stößt Dampf wiederum auf eine kalte Fläche, entsteht Nebel. *Dieser/Diesem/Dieses* setzt sich aus vielen kleinen Wassertröpfchen zusammen. Wenn Eis erhitzt wird, schmilzt es und wird ebenfalls wieder flüssig. Dass Wasser ein solcher Verwandlungskünstler sein kann, hängt mit den Wassermolekülen zusammen, aus denen es besteht. *Dieser/Diese/Dieses* ändern je nach Aggregatzustand ihre Beweglichkeit: Sind sie in flüssiger Form noch aktiv, werden sie bei Abkühlung immer ruhiger und werden schließlich fest.

Adverbien verwenden

Information	Adverbien (Umstandswörter)

■ **Adverbien** kennzeichnen die **Umstände des Geschehens** näher, z. B.:

	den Ort	die Zeit	den Grund, Zweck	die Art und Weise
Frage	Wo? Wohin? Woher?	Wann? Wie lange? Seit wann? Wie oft?	Warum? Weshalb? Wozu?	Wie? Auf welche Weise?
Beispiel	*Die Besucher gingen nach* **oben**. **Dort** *hatten sie den besten Ausblick.* *Weitere: überall, unten, da, dahin, oberhalb, dazwischen, bergauf, links, unterhalb, …*	**Nachts** *bleibt der Zoo geschlossen.* **Bisher** *hatte er* **immer** *geöffnet.* *Weitere: jetzt, morgen, abends, nie, neulich, nun, noch, …*	*Ich habe* **deswegen** *keine Zeit. Wir könnten* **sonst** *etwas anderes machen.* *Weitere: daher, deshalb, …*	*Die Tiergehege sind* **größtenteils** *fertiggestellt.* **Beinahe** *wurde die Zeit knapp.* *Weitere: so, miteinander, sehr, dadurch, vielleicht, allein, …*

■ **Adverbien** sind **nicht veränderbar**, d. h. die meisten lassen sich **nicht steigern**, z. B.:
morgen = nicht steigerbar = Adverb ⟷ *schnell, schneller, am schnellsten* = steigerbar = Adjektiv
(Ausnahme: *oft, öfter*).

1 Ergänze in dem Text passende Adverbien aus der Information. Beantworte dazu die Fragen in Klammern.

Ferien auf dem Wasser

Ein russischer Architekt hat das Hotel der Zukunft entworfen:

„The Ark" („Die Arche"). Es ist _____ nicht (*Wann?*)

gebaut worden. _____ (*Warum?*) sucht der Architekt

nach Geldgebern. Bei dem Gebäude sollen zwei halbrunde Schalen _____ (*Wie?*) verbunden wer-

den. Während eine der Schalen _____ (*Wo?*) zu sehen ist, schwimmt die andere

_____ (*Wo?*) im Wasser. Geplant ist die Nutzung von Wind- und Sonnenenergie.

_____ (*Wie?*) soll die Umwelt geschützt werden.

2 a Welche der folgenden Wörter sind Adverbien? Führe die Steigerungsprobe durch. Umrahme alle Adverbien.
b Ort, Zeit, Grund/Zweck oder Art und Weise? Schreibe im Heft die Adverbien nach Gruppen sortiert auf.

> morgen schnell damals dort darum lustig hoch besonders umsonst nachmittags hell
> mehrmals herunter hierzu manchmal tagsüber vorne immer hierfür miteinander gut

Ort	Zeit	Grund, Zweck	Art und Weise

Verben verwenden

Information   Das Verb (das Tätigkeitswort; Plural: die Verben)

- Mit Verben gibt man an, **was jemand tut oder was geschieht**, z.B.:
  *Eine Stadt auf dem Meer **entsteht**. Die Gebäude **schwimmen** auf dem Wasser. Bewohner **nutzen** das Freizeitprogramm. Besucher **machen** Fotos. Fernsehsender **berichten** über das Bauvorhaben.*
- Oft verändern Verben im Satz ihre Form. Sie richten sich nach dem Wort, auf das sie sich beziehen.
  Man nennt diese Form **Personalform**, z.B.: *Die Gebäude schwimm**en**. Das Gebäude schwimm**t**.*
- Die **Veränderung** der Verben im Satz nennt man **Konjugation** oder **Beugung**.
  Achte auf die **Personalendungen**, z.B.:

	Singular (Einzahl)	Plural (Mehrzahl)
1. Person	*ich schwimme*	*wir schwimm**en***
2. Person	*du schwimm**st***	*ihr schwimm**t***
3. Person	*er/sie/es schwimm**t***	*sie schwimm**en***

1 Welches Verb in Klammern passt am besten? Wähle aus und ergänze die passende Personalform im Präsens.

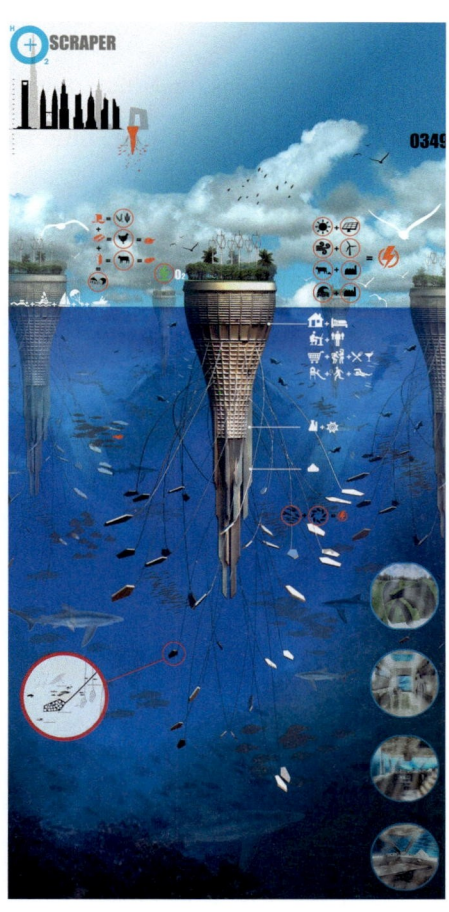

Ein Haus auf dem Wasser

Der „Water Scraper" (auf Deutsch: „Wasserkratzer") *ist* (sein, ~~haben~~,

~~halten~~) eine Idee eines Architekten aus Malaysia. Wenn es eines

Tages weniger Platz an Land _____ (haben, geben,

nehmen), _____ (bauen, malen, entwerfen) man dieses

Haus vielleicht sogar. Tentakel _____ (hängen, sorgen,

verbinden) für einen guten Stand im Wasser. Diese „Fangarme"

_____ (verlieren, suchen, gewinnen) aus der Meeres-

strömung Energie zur Stromversorgung. Auf dem Dach

_____ (wachsen, gehen, bleiben) ein Wald und

ein Garten. Dort _____ (essen, ernten, trinken) die

Einwohner Obst und Gemüse. Die Menschen _____

(schwimmen, wohnen, tauchen) unter der Wasseroberfläche.

2 **a** Stell dir vor, den „Water Scraper" würde es bereits geben. Was könntest du alles unternehmen?
Verfasse in deinem Heft einen möglichen Tagesablauf. Schreibe im Präsens.
b Unterstreiche in deinem Text alle Verben, z.B.:
Nach dem Frühstück <u>fahre</u> ich mit dem Fahrstuhl die 33 Stockwerke nach oben.
Dort <u>gehe</u> ich zur Tauchstation und <u>mache</u> einen kurzen Tauchausflug. Unter Wasser …

Teste dich! – Wortarten

1 Veranschauliche die Nomen. Ergänze passende Adjektive aus dem Wortspeicher in der richtigen Form.
Tipp: Nicht alle Adjektive aus dem Wortspeicher kannst du einsetzen.

PUNKTE

Wortspeicher

alt lustig langweilig groß gefährlich mutig lang beachtlich schwer

++ Ein _____ Abenteuer: Frau taucht mit Haien. ++ Eine _____ Reise:

Großvater segelt um die Welt. ++ Eine _____ Idee: Trainer bringt Delfinen das Lachen bei.

++ Ein _____ Plan: Schüler will allein über den Atlantik paddeln. ++ Eine _____ Überraschung:

Forscher findet Wasser auf dem Mars. ++ Eine _____ Leistung: Mann bricht Schwimmrekord. ++

2 Achtung Fehler: Im folgenden Text stimmen die Präpositionen nicht!
  a Umrahme alle Präpositionen im Text.
  b Streiche die falschen Präpositionen durch. Schreibe jeweils die richtige darüber.

PUNKTE

PUNKTE

Zehn Jahre lang haben Wissenschaftler unter der ganzen Welt mit unseren Weltmeeren Fische, Krustentiere,

Weichtiere und Meeressäuger gezählt. Die Forscher haben einen Katalog bei insgesamt 250 000 Bewohnern

der Ozeane vorgelegt. Sie vermuten, dass es noch unzählige unbekannte Arten neben den Ozeanen gibt.

3 **a** Ersetze die markierten Wörter jeweils durch ein Pronomen aus dem Wortspeicher. Schreibe es darüber.
    Tipp: Drei Pronomen passen nicht.

PUNKTE

Wortspeicher

unsere euren es diesem ihr sie

	Pers.	Poss.	Dem.
Wasser enthält zwei Zutaten. Wasser besteht aus Wasser- und Sauerstoff.	☐	☐	☐
Wasser ist ein wichtiger Grundstoff. Aus dem Grundstoff entsteht Leben.	☐	☐	☐
Mit Wasser können wir Strom erzeugen. Damit schützen wir die Umwelt.	☐	☐	☐

  b Personalpronomen (Pers.), Possessivpronomen (Poss.) oder Demonstrativpronomen (Dem.)? Kreuze an.

PUNKTE

4 Zähle die Punkte, die du erreicht hast, mit Hilfe des Lösungsheftes zusammen (▶ S. 13–14).

☺ 20–16 Punkte	☺ 15–9 Punkte	☹ 8–0 Punkte
Gut gemacht!	Gar nicht schlecht! Wo hattest du Schwierigkeiten? Wiederhole die passenden Übungen auf S. 39–45.	Du solltest noch einmal üben! Arbeite die S. 39–45 erneut durch.

Das Tempus des Verbs – Wasserhelden

Gegenwärtiges und Zukünftiges ausdrücken

Information   Das Präsens (die Gegenwartsform) und das Futur I (die Zukunftsform)

- Das **Präsens** wird meist verwendet, wenn man sagen will, dass etwas **jetzt geschieht**, z. B.:
  *Der Schwimmer **springt** gerade ins Wasser.*
- Das Präsens wird auch gebraucht, um **Gewohnheiten** und **Dauerzustände** zu beschreiben, z. B.:
  *Der Ärmelkanal **liegt** zwischen Frankreich und Großbritannien. Extremsportler **trainieren** viel.*
- Mit dem **Futur I** drückt man Zukünftiges aus. Das Futur I bildet man aus der
  Personalform von **werden** + **Infinitiv** (Grundform):   *wird   durchqueren,* z. B.:
  *Der Schwimmer **wird** den Ärmelkanal **durchqueren**.*

---

1 a Surfen ist nur etwas für Menschen? Ergänze in der folgenden Radiomeldung die fehlenden Verben in der passenden Personalform im Präsens: ~~scheinen~~ *kämpfen   stehen   stattfinden   bellen   bemühen   wehen   jubeln   geben*

 b Ein Satz sagt etwas über zukünftige Ereignisse aus, obwohl er im Präsens steht. Unterstreiche ihn.

„Die Sonne *scheint*, keine Wolke steht am Himmel. Nur ein leichter

Wind _____. Zahlreiche Zuschauer _____ lautstark und warten

auf den Startschuss und auf die vierbeinigen Sportler. Diese _____ auf-

geregt. Zum dritten Mal _____ 40 Hunde beim ‚Surf City Surf Dog'-

Wettkampf um den Sieg auf dem Surfbrett. Hierbei sitzen oder _____

die Vierbeiner auf ihren Brettern und _____ sich auf dem Brett um

eine gute Figur. Extrapunkte _____ es nämlich für das Rückwärtssurfen oder das Wiederfinden des

Gleichgewichts. Der Wettbewerb ist so beliebt, dass er auch nächstes Jahr wieder _____."

Information   Besonderheiten von Präsens und Futur I

Mit dem **Futur** kann man auch eine **Vermutung** ausdrücken: *Hoffentlich **wird** er es **schaffen**!*
- Auch das **Präsens** kann verwendet werden, um **Zukünftiges** ausdrücken. Dazu verwendet man zusätzliche Zeitangaben wie *morgen* oder *nächstes Jahr*, z. B.: ***Morgen** beginnt der Wettkampf.*

---

2 a Unterstreiche in der folgenden Frage das Futur I.

> Was wird denn am kommenden Wochenende
> beim „Surf City Surf Dog"-Wettbewerb alles passieren?

 b Wie könntest du auf die Frage antworten? Verwende das Futur I mit der jeweils richtigen Personalform, z. B.:
  Am Samstag <u>wird</u> man die Gäste auf einer Eröffnungsfeier <u>begrüßen</u>. Anschließend …

 c Prüfe, ob du jeweils das Futur I verwendet hast. Unterstreiche es in deinen Antworten.

Das Perfekt verwenden

Information	Das Perfekt (die vollendete Vergangenheit) mit dem Partizip II bilden

- Das Perfekt ist eine Zeitform der Vergangenheit. Man verwendet es in der Regel, wenn man **mündlich** erzählt, z. B.: *„Im letzten Jahr* **habe** *ich die Goldmedaille* **gewonnen**.*“*
- Verben im Perfekt bestehen aus **zwei Teilen**:

Präsensform von *sein* oder	*haben*	+ Partizip II
– Wir	**sind** zum Wettkampfort	**gefahren.**
– Wir	**haben** ausreichend	**geübt.**

Das **Partizip II** beginnt **meist** mit der **Vorsilbe *ge-***, z. B.: *ge*schwommen, *ge*laufen, *ge*taucht, *ge*wonnen, …

1   **a** Hier stimmt die Zeitform nicht! Unterstreiche in jeder Radiomeldung das falsch verwendete Verb.
   b Berichtige die Sätze im Perfekt.

„Vor einigen Minuten kehren die Surfer aus dem Wasser zurück.“

„Seit gestern beginnen die Surfer mit dem Training.“

„_____“
„

„_____“
„

2   Bilde zu den folgenden Infinitiven (Grundformen) in Klammern die passende Form im Perfekt.

_____ du heute Morgen den Ritt auf der Riesenwelle

beobachtet (*beobachten*)? Wir _____ leider den Flieger

_____ (*verpassen*) und _____ zu spät

_____ (*kommen*). Was ist passiert?

Einer der Surfer _____ tatsächlich auf einer 30 Meter hohen Welle

_____ (*reiten*). Dafür _____ ihn ein Boot weit hinaus auf das Meer _____

(*ziehen*). Dort _____ er auf die Riesenwelle _____ (*warten*), die sich dann wie

eine Wand vor ihm _____ (*aufbauen*). Blitzschnell _____ der Surfer

_____ (*reagieren*): Er _____ an der Wasserwand _____

(*entlangfahren*) und dann _____ sich die Welle _____

(*überschlagen*). Der Surfer _____ aber unbeschadet wieder _____

(*auftauchen*) und wir _____ alle lautstark _____ (*jubeln*).

Das Präteritum verwenden

| Information | Das Präteritum (die einfache Vergangenheitsform) |

- Das **Präteritum** beschreibt vergangene **Vorgänge, Handlungen und Zustände.**
- Wenn man über Vergangenes **schriftlich erzählt,** dann wird in der Regel das Präteritum verwendet, z. B.:
  *Schon vor über 1000 Jahren **ritten** die Menschen auf Riesenwellen.*
- Das **Präteritum** wird mit **starken oder schwachen Verben gebildet:**
  - **Schwache Verben** verändern im Präteritum nur die Endung, sie verändern sich schwach, z. B.:
    sie bauen → sie bauten   sie verehren → sie verehrten
  - **Starke Verben** verändern ihren **Stammvokal.** Sie verändern sich stark, z. B.:
    sie reiten → sie ritten   sie schwimmen → sie schwammen
    Die **starken Verben** musst du dir **merken.**

1 Verben im Präteritum gesucht! Wähle passende Verben aus dem Wortspeicher aus und ergänze die Lücken.
Tipp: Umrahme in jedem Satz das Subjekt: Wer „tut" etwas? Dann musst du dazu die Personalform bilden.

Wortspeicher

~~stellen~~ ~~kommen~~ verwenden ehren nutzen
bauen sein reiten reservieren erfinden stürzen treffen geben

Surfen – ein uralter Wassersport

Schon vor Hunderten Jahren *stellten* sich [die Polynesier] auf Hawaii auf

einfache Holzbretter und _____ diese als Fortbewegungs-

mittel auf dem Wasser. An besonders beliebten Surfstellen _____

sie Tempel an die Küste. Damit _____ sie den Gott der

Wellen, bevor sie sich in die Fluten _____ . Selbst die Könige

_____ damals Surfbretter. Besonders eindrucksvolle

Wellen _____ sie für sich. Etwa 1000 nach Christus

kamen [die ersten Polynesier] nach Hawaii. Schon damals _____

_____ es hier Riesenwellen; hier _____ sie zum ersten Mal auf eine

Küste. Die Wellen _____ bis zu zwanzig Meter hoch. Darauf _____

_____ die Polynesier auf ihren Brettern. Damit _____ sie das Wellenreiten.

2 Sind die Verben im Text zu Aufgabe 1 stark oder schwach?
a Vergleiche die Infinitive im Wortspeicher mit der jeweiligen Personalform im Text:
  – Markiere Vokale, die sich nicht ändern, grün – oder unterstreiche sie.
  – Markiere Vokale, die sich ändern, blau – oder umkreise sie.
b Wähle aus dem Wortspeicher drei schwache und drei starke Verben.
  Formuliere in deinem Heft mit Hilfe jedes Verbs einen Beispielsatz im Präteritum.

Abenteuer auf dem Wasser (Teil 1) – Das Präteritum verwenden

1 Welche schwachen Verben passen jeweils zu den folgenden Sätzen?

● ○ ○ **a** Ergänze die gesuchten Personalformen im Präteritum.

Am Strand **S** _ _ _ _ _ _ _ eine Menschenmenge auf das Meer.

Die Surfer **W** _ _ _ _ _ _ _ _ _ lange auf die Riesenwelle.

Sie _ _ _ _ _ **A** _ _ _ _ _ _ _ _ _ jede Veränderung auf dem Wasser.

Ein Surfer _ _ _ _ _ _ **E** mit dem Finger auf eine große Welle.

Alle **R** _ _ N _ _ _ _ plötzlich durcheinander.

Die Surfer **S** _ U E _ _ _ _ _ _ sich mit ihren Brettern ins Wasser.

Nur einer _ _ _ _ _ _ _ _ _ es: den Ritt auf der Riesenwelle.

b Wenn du die fett gedruckten Buchstaben richtig ordnest, erhältst du ein Lösungswort. Notiere es.

Lösungswort: _____

2 **a** Unterscheide die auf dem Fließband stehenden Verben: schwach oder stark?

● ○ ○ Kennzeichne starke und schwache Verben in jeweils unterschiedlichen Farben.

reiten helfen denken bauen finden fliegen spielen lachen fließen halten
schreiben tanzen kochen lesen feiern stellen fahren sehen essen legen glauben rufen
brauchen hören schlafen schicken fangen

b Wähle vom Fließband 3 starke Verben aus. Übertrage sie auf die Schreibzeilen 1 bis 3 im Tabellenkopf.

c Ergänze alle fehlenden Personalformen, z. B.: helfen: *ich half, du halfst, er/sie/es half, wir halfen, ihr halft, ...*

	1 _____	2 _____	3 _____
ich			
du			
er/sie/es			
wir			
ihr			
sie			

Abenteuer auf dem Wasser (Teil 2) – Das Präteritum verwenden

1 a Ein Junge erzählt von einer ungewöhnlichen Rettungsaktion. Unterstreiche alle Verben.

b Notiere, in welcher Zeitform sie stehen: _____

„... und dann <u>habe</u> ich von zu Hause ein Surfbrett <u>geholt</u>. Damit bin ich vorsichtig auf das Eis gelaufen. An der Wasserstelle habe ich mich auf das Surfbrett gesetzt und den Hund aus dem Wasser geholt. Leider haben wir beide es nicht von alleine wieder auf das Eis geschafft. Deswegen habe ich um Hilfe gerufen. Ein Jogger hat uns gesehen und die Feuerwehr gerufen. Die ist dann gekommen und hat uns vom Eis geholt."

c Schreibe mit Hilfe der Erzählung des Jungen die folgende Zeitungsmeldung weiter.
Setze hierfür die von dir im Text unterstrichenen Verben ins Präteritum.

Rettungsaktion auf dem Eis

Auf einem zugefrorenen See kam es gestern zu einer ungewöhnlichen Rettungsaktion.

Nachdem ein Hund auf das Eis gelaufen und eingebrochen war, holte ein Junge ...

_____

_____

_____

_____

_____

2 Verfasse in deinem Heft zu einer der folgenden Schlagzeilen eine passende Zeitungsmeldung.
Schreibe im Präteritum.
Tipp: Verwende für Handlungen, die vor dem vergangenen Ereignis passierten, das Plusquamperfekt (▶ S. 52).

Oma gewann Surfwettbewerb

Nach drei Jahren – verschollener Surfer kehrte heim

13-Jähriger floh auf Surfbrett

Delfine retteten Surfer

Das Plusquamperfekt verwenden

Information	Das Plusquamperfekt (Vorvergangenheit, dritte Vergangenheitsform)

- Geschah etwas noch **vor einem vergangenen Ereignis im Präteritum**, wird das **Plusquamperfekt** verwendet, z. B.:   Vergangenes (Präteritum)   Vorzeitiges (Plusquamperfekt)
  Bevor ich an dem Wettbewerb teilnahm,   ***hatte** ich dafür regelmäßig viel **geübt**.*
- Das Plusquamperfekt wird so gebildet: Personalform von *haben* oder *sein* im Präteritum + Partizip II.

1

a Welches Ereignis fand zuerst statt? Unterstreiche in A bis F den Satz, der das frühere Ereignis ausdrückt.

b Prüfe das Verb in deinen unterstrichenen Sätzen.
Notiere in Klammern, ob es im Plusquamperfekt mit einer Vergangenheitsform von *haben* oder *sein* gebildet wird.

c Verknüpfe in A bis F die jeweils beiden Sätze.
Verwende für die Vorvergangenheit das Plusquamperfekt und die Verknüpfungswörter *bevor* oder *nachdem*.

A Immer mehr Menschen beherrschten das Wellenreiten. Sie lernten es von den Hawaiianern. *(hatten)*

Immer mehr Menschen beherrschten das Wellenreiten, nachdem ... _____

_____

B Erste Surfwettkämpfe entstanden. Surfer traten privat gegeneinander an. (_____)

_____

C 1959 lief in den Kinos der Surf-Film „Gidget". Die Surfbegeisterung stieg Anfang der 1960er Jahre.

(_____) _____

_____

D Immer aufwendigere Sprünge waren möglich. Man entwickelte technisch verbesserte Surfbretter.

(_____) _____

_____

E Der zwanzigjährige Amerikaner Kelly Slater gewann 1992 als jüngster Surfer die Weltmeisterschaft. Er wurde

weltberühmt. (_____) _____

_____

F Sie trainierte in ihrer Kindheit und Jugend. 2011 wurde die Hawaiianerin Carissa Moore mit 18 die erste

Surf-Weltmeisterin. (_____) _____

_____

2 Notiere in deinem Heft Übungssätze zum Thema „Surfen". Verwende das Plusquamperfekt, z. B.:
Nachdem die Surferin ihr Können gezeigt hatte, jubelten ...

Teste dich! – Das Tempus

1 **a** <u>Präsens</u>, Perfect , Präteritum , ~~Plusquamperfekt~~ oder Futur I? Markiere die Wörter wie angegeben. →

PUNKTE

er ist geschwommen   du schriebst   wir hatten geübt   ich werde verreisen   ihr fragt   sie hat gelacht
es regnet   ich war gelaufen   wir aßen   sie haben gekauft   wir werden feiern   ich lese

b Präsens, Präteritum oder Plusquamperfekt?
Ergänze die Verben in Klammern in der passenden Tempus- und Personalform.

PUNKTE

Anfang des 20. Jahrhunderts _____ (*kommen*) der Amerikaner A. H. Ford nach Hawaii.

Nachdem er dort das Surfen _____ (*lernen*), _____ (*gründen*) er 1908 den ers-

ten Surfclub. Dieser _____ (*bestehen*) sieben Jahre später aus 1200 Mitgliedern. Heute _____

_____ (*gehören*) Surfen zu den beliebten Wassersportarten. In vielen Ländern _____

(*geben*) es heutzutage Wettkämpfe, bei denen Surfer gegeneinander _____ (*antreten*).

2 **a** Unterstreiche in jedem Satzgefüge A bis D das Verb, das im Plusquamperfekt steht.

PUNKTE

b Wird das Plusquamperfekt inhaltlich jeweils richtig oder falsch verwendet? Kreuze an.

PUNKTE

c Berichtige den Satz/die Sätze, in dem/in denen das Plusquamperfekt falsch gebraucht wird.

PUNKTE

	richtig	falsch
A Der US-Amerikaner Garrett McNamara geriet 2013 in die Schlagzeilen, nachdem er einen neuen Weltrekord im Surfen aufgestellt hatte.	☐	☐
B Nachdem er Begeisterungsstürme ausgelöst hatte, surfte er auf einer Riesenwelle.	☐	☐
C McNamara erreichte sicher das Ufer, nachdem ihn zahlreiche Reporter befragt hatten.	☐	☐
D Nachdem Fernsehsender über den Surfer berichtet hatten, wurde er weltweit bekannt.	☐	☐

_____

_____

_____

3 Zähle die Punkte, die du erreicht hast, mit Hilfe des Lösungsheftes zusammen (▶ S. 15–16).

GESAMT

☺ 29–22 Punkte	☺ 21–15 Punkte	☹ 14–0 Punkte
Gut gemacht!	Gar nicht schlecht! Wo hattest du Schwierigkeiten? Wiederhole die passenden Übungen auf S. 47–52.	Du solltest noch einmal üben! Arbeite die S. 47–52 erneut durch.

Aktiv und Passiv – Wassersport

Aktiv- und Passivsätze unterscheiden und verwenden

Information	Aktiv und Passiv der Verben

- Das Aktiv und das Passiv drücken eine unterschiedliche Sicht auf ein Geschehen aus:
  - Das **Aktiv betont denjenigen, der** etwas tut oder **handelt,** z. B.: *Der Spieler **wirft** den Ball.*
  - Das **Passiv betont, mit wem oder was** etwas geschieht, z. B.: *Der Ball **wird geworfen**.*
- Das Passiv wird gebildet aus der Personalform des Hilfsverbs *werden* + Partizip II:

	Aktiv	Passiv
Präsens	*Der Spieler **trifft** das Tor.*	*Das Tor **wird getroffen**.*
Präteritum	*Der Spieler **traf** das Tor.*	*Das Tor **wurde getroffen**.*

1 Wie spielt man „Kanupolo"?

a Ordne den Bildern Sätze aus dem Wortspeicher zu. Schreibe die Sätze jeweils unter das Bild.

Wortspeicher

Die Tore werden gezählt.   Kanupolo wird auf einem rechteckigen Spielfeld auf dem Wasser gespielt.
Die Spieler benutzen dabei die Hände oder ihre Paddel.   Es werden zweimal zehn Minuten gespielt.
Zwei Teams mit je fünf Spielern in Einerkajaks spielen gegeneinander.   Ein Ball muss in das gegnerische Tor
geworfen werden.

b Prüfe die Sätze: Unterstreiche alle Sätze im Passiv.

Information   **Mit dem Passiv den Handelnden verschweigen**

Mit dem Passiv kann man den Handelnden (den „Täter") verschweigen.
So wird ausschließlich betont, mit wem oder mit was etwas geschieht.
Dabei wird das **Objekt** im Aktivsatz zum **Subjekt** im Passivsatz, z. B.:
Aktiv (mit „Täter"): ***Der Sportler** befestigt **das Segel.*** (Objekt im Aktivsatz)

Passiv (ohne „Täter"): ***Das Segel** wird befestigt.* (Subjekt im Passivsatz)
Mit *von ...* oder *durch ...* kann man im Passivsatz den „Täter" ergänzen, z. B.:
Passiv (mit „Täter"): ***Das Segel** wird **vom Sportler** befestigt.*

2   **Ein Handstand unter Wasser? Nichts einfacher als das!**
   a   Unterstreiche in den folgenden Notizen zu einer Vorgangsbeschreibung alle Verben.
   b   Bilde zu jedem Verb das Partizip II. Notiere es jeweils hinter der Notiz in Klammern.
   c   Umrahme das Objekt (Wen oder was ...?).

1. die Luft anhalten (*angehalten*)

2. den Körper vorbeugen (_____)

3. die Hände unter Wasser auf dem Boden abstützen (_____)

4. den Körper in die Gerade schwingen (_____)

5. den Rücken durchdrücken (_____)

6. die Füße strecken (_____)

3   **Schreibe die Sätze aus Aufgabe 2 im Passiv auf. Mache dabei in jedem Satz das Objekt zum Subjekt.**

1. Die Luft wird angehalten. 2. Der Körper wird ...

_____

_____

_____

4   **Füge in die ersten drei Sätze jeweils „der Schwimmer" in der richtigen Form ein. Schreibe die Sätze neu auf.**

1. Die Luft wird von dem Schwimmer angehalten. 2. ...

_____

5   **Wie geht das? Beschreibe in deinem Heft für eine der folgenden Wasserfiguren, was getan werden muss.**
   Formuliere deine Sätze im Passiv, z. B.:
Für eine Rückwärtsrolle unter Wasser wird zunächst die Luft angehalten. Danach ...

eine Rückwärtsrolle unter Wasser   ein Kopfsprung vom 3-Meter-Brett   eine Drehung um die eigene Achse
beim Sprung vom 10-Meter-Brett

Im Wasser (Teil 1) – Aktiv und Passiv anwenden

1 **a** Notiere zu den vier Bildern links, wer hier was tut. Schreibe deine Sätze im Aktiv auf.
●○○ **b** Beschreibe zu den Bildern rechts, was hier (mit wem oder was) getan wird.
Formuliere deine Sätze im Passiv. Nutze den Wortspeicher.

Wortspeicher

werfen – geworfen   ziehen – gezogen   eintauchen – eingetaucht   umhängen – umgehängt

---

Das Boot zieht den
Wasserskifahrer.
_____
_____

Der Wasserskifahrer
wird (vom Boot)
gezogen.
_____

Der Jurypräsident
_..._
_____
_____

Die Medaillen ...
_____
_____
_____

Der Spieler ...
_____
_____
_____

Der Ball ...
_____
_____
_____

Der Ruderer ...
_____
_____
_____

Das Ruder ...
_____
_____
_____

2 Schreibe deine Passivsätze aus Aufgabe 1 in die Vergangenheit um.
●○○ Ergänze die folgenden Satzanfänge.

Gestern wurde der Wasserskifahrer gezogen.

Vor einer Stunde wurden ...

Gerade eben ...

Vor einigen Sekunden ...

Im Wasser (Teil 2) – Aktiv und Passiv anwenden

1
a Umrahme in den folgenden Radiomeldungen A/B alle Verbformen im [Aktiv].
b Unterstreiche alle Verbformen im <u>Passiv</u>.

A 100 Meter Freistil werden in 52,85 Sekunden geschwommen. ☐

B Britta Steffen schwimmt 100 Meter Freistil in 52,85 Sekunden. ☐

A Der Ärmelkanal wird in 11 Stunden
und 40 Minuten durchschwommen. ☐

B Margit Bohnhoff durchschwimmt
den Ärmelkanal in 11 Stunden und 40 Minuten. ☐

A Garrett McNamara reitet 30-Meter-Welle. ☐

B 30-Meter-Welle wird geritten. ☐

c Kreuze jeweils den Satz an, der deiner Meinung nach sinnvoller ist.
d Schreibe eine kurze Begründung für deine Wahl in dein Heft.

2
a Lies die Meldungen aus dem Nachrichtenticker.
Welche könnten auch durch einen Passivsatz wiedergegeben werden? Kreuze diese Meldungen an.
Tipp: Überlege, wann auf den Handelnden verzichtet werden kann und eher die „Tat" im Vordergrund steht.
b Formuliere die von dir angekreuzten Sätze im Passiv.

+++ Unbekannte malen ein Graffito auf den Bus der Nationalmannschaft +++ Beim olympischen Wettkampf gewinnt die jüngste Teilnehmerin beim 100 Meter Freistil +++ Zuschauer bejubeln die Sieger beim Wasserhandball +++ Jemand sorgt für das leibliche Wohl der Athleten +++ Unbekannte stehlen die Medaille des Schwimmweltmeisters +++ Michael Phelps (USA) schwimmt 200 Meter Freistil in 1,43 Minuten +++ Touristen filmen berühmten Surfstar an der Küste Hawaiis +++ Eine Menschenmenge bedrängt Schwimmweltmeisterin am Flughafen +++

+++ Graffito wird auf den Bus der Nationalmannschaft gemalt +++

Teste dich! – Aktiv und Passiv

1 **a** Umrahme in der Zeitungsmeldung alle Aktivsätze und unterstreiche alle Passivsätze.

Milliardär Branson mit dem Kitesurf über den Ärmelkanal

Der Brite Richard Branson (61) hat den Ärmelkanal mit einem Kite-surf erfolgreich überquert. Für die 48 Kilometer benötigte er knapp drei Stunden und war damit der älteste Kitesurfer, der jemals den Kanal überquerte. Beim Kitesurfen wird der Sportler auf einem kleinen Surfbrett von einem Lenkdrachen über das Wasser gezogen. Bereits 2004 hatte Branson sich in das Rekordbuch des Ärmelkanals eingetragen. Mit einem Amphibienfahr-zeug überquerte er die 35 Kilometer lange Strecke von Dover nach Calais in einer Stunde und 40 Minu-ten. Der frühere Rekord lag bei rund sechs Stunden. Er wurde von zwei Franzosen gehalten.

b Ein Passivsatz steht in der Vergangenheit. Kreuze ihn an.

PUNKTE

2 Schreibe die vier folgenden Aktivsätze in Passivsätze um.

PUNKTE

Ein Team transportiert die Ausrüstung von R. Branson. Viele Zuschauer beobachten den Start. Fernsehreporter filmen die Überfahrt. Branson erreicht nach etwa drei Stunden das Ziel.

_____

_____

_____

_____

3 **a** Umrahme im folgenden Passivsatz die Handelnden.

PUNKTE

b Schreibe den Satz in einen Aktivsatz um.

PUNKTE

Der Erfolg wird von Branson und seinem Team gefeiert.

_____

4 Zähle die Punkte, die du erreicht hast, mit Hilfe des Lösungsheftes zusammen (▶ S. 17).

GESAMT

😊 14–11 Punkte	😐 10–7 Punkte	😞 6–0 Punkte
Gut gemacht!	Gar nicht schlecht! Wo hattest du Schwierigkeiten? Wiederhole die passenden Übungen auf S. 54–57.	Du solltest noch einmal üben! Arbeite die S. 54–57 erneut durch.

Sätze und Satzglieder – Luftige Erfindungen

Satzglieder bestimmen und verwenden

- Das **Prädikat** wird aus einem Verb gebildet. Ein Prädikat kann aus einem oder mehreren Teilen bestehen.

*Die Spinne **folgt** der Fliege.*

*Das Insekt **gibt** die Jagd **auf**.*

- Vom Prädikat aus kann man das Subjekt erfragen. Das Subjekt steht immer im **Nominativ (Wer oder was?)**.

Wer oder was folgt?
die Spinne

Wer oder was gibt die Jagd auf? ***das Insekt***

- Mit Hilfe des Prädikats kann man auch nach **Objekten** fragen, falls es Objekte im Satz gibt. Objekte stehen meist im **Dativ (Wem?)** oder im **Akkusativ (Wen oder was?)**.

Wem folgt die Spinne?
der Fliege
(Dativobjekt)

Wen oder was gibt das Insekt auf?
die Jagd
(Akkusativobjekt)

- Die **Umstellprobe** zeigt, dass ein Satzglied immer eine Einheit bleibt, z. B.:
  Die Spinne läuft langsam über das Wasser.   *Langsam läuft die Spinne über das Wasser.*

1   a Unterstreiche im folgenden Satz das Subjekt.
  b Welches Tier könnte gemeint sein? Kreuze an.

A Sie kann mit Hilfe einer besonderen Technik unter Wasser jagen: ☐ der Hai   ☐ die Spinne   ☐ die Wespe.

  c Schreibe den Satz in einer anderen Satzgliedstellung auf. Der Sinn soll sich nicht ändern.

B _____

_____

  d Markiere in beiden Sätzen A/B die Satzglieder in unterschiedlichen Farben.
  e Kreuze die richtige Antwort an: Die beiden Sätze enthalten ein ☐ einteiliges   ☐ zweiteiliges Prädikat.

2   a Akkusativ- oder Dativobjekt? Ergänze die Objekte im richtigen Fall.
  b Umrahme Akkusativobjekte und unterstreiche Dativobjekte.
  Tipp: Erfrage die Objekte mit „Wen oder was?" oder mit „Wem?".

Unterwasserjagd mit Luftpolster

Die Wasserjagdspinne nutzt _____ _____ (*die Luft*) auf besonders clevere Weise. Sie kann

_____ _____ (*ein Luftpolster*) bilden, sobald sie ins Wasser eintaucht. Das hilft

_____ _____ (*die Spinne*) beim Atmen und senkt _____ _____ (*der*

Reibungswiderstand). Mit Hilfe des Luftpolsters gelingt es _____ _____ (*die Spinne*) zudem,

trocken zu bleiben. Dieses Prinzip könnte _____ _____ (*die Schifffahrt*) helfen: Eine ent-

sprechende Beschichtung könnte _____ _____ (*der Reibungswiderstand*) senken.

Sätze verknüpfen

Information	Satzreihe	Satzgefüge

Satzreihe

Hauptsatz
Einige Frösche können fliegen,

Hauptsatz
(denn) sie besitzen Flughäute.

Mit bestimmten Verknüpfungswörtern (Konjunktionen) kann man Hauptsätze verbinden, z. B.: *denn, sondern, und, oder, aber.*
Tipp: Vor *und* bzw. *oder* muss kein Komma zwischen den Hauptsätzen stehen.

Satzgefüge

Hauptsatz
Einige Frösche können fliegen,
Im Nebensatz steht die Personalform des Verbs am Satzende.

Nebensatz
weil sie Flughäute besitzen

Mit bestimmten Verknüpfungswörtern (Konjunktionen) kann man Haupt- und Nebensatz verbinden, z. B.: *weil, da, während, wenn, als, obwohl, damit, sobald, dass, indem, ...*

---

1 Betrachte das Bild. Warum können einige Fische fliegen? Drei mögliche Erklärungen stehen zur Auswahl.
a Verknüpfe den Hauptsatz links jeweils mit den Hauptsätzen rechts.
Verwende das Verknüpfungswort *denn* und setze jeweils das Komma.
b Warum können sie fliegen? Kreuze die beiden richtigen Erklärungen an.

Einige Fische können fliegen.

– Sie haben flügelartige Flossen.

– Sie springen meterhoch aus dem Wasser.

– Sie verstecken sich im Gefieder von Vögeln.

Einige Fische können fliegen, denn ...

_____ ☐

_____ ☐

_____ ☐

---

2 **a** Überarbeite den folgenden Text im Heft.
Verknüpfe mit Hilfe des Wortspeichers je zwei aufeinanderfolgende Sätze.

Einige Tintenfische erinnern an Düsenjets. Sie gehen tatsächlich in die Luft. Blitzschnell schießen sie aus dem Meer empor. Sie pressen sämtliches Wasser aus ihren Körpern heraus. Bis zu zehn Meter weit lässt sie der Vortrieb „fliegen". Tintenfische haben keine Flügel. Sie plumpsen deshalb wieder ins Wasser zurück. Sie haben kein Wasser mehr im „Tank".

┌─ Wortspeicher ──────────────────┐
│ ~~weil~~   obwohl   wenn   indem │
└──────────────────────────────────┘

Einige Tintenfische erinnern an Düsenjets, weil ...

b Kreuze an: Mein überarbeiteter Text besteht aus ☐ Satzreihen ☐ Satzgefügen.

Subjektsätze und Objektsätze verwenden

Information	Subjektsätze und Objektsätze

Subjektsätze und Objektsätze sind **Nebensätze** (Gliedsätze).

- Im Satz nehmen Subjektsätze die Rolle des Subjekts (Wer oder was ...?) ein, z. B.:
  - Satz mit „einfachem" Subjekt: *Der Reisende erlebt so manche Überraschung.*
  - Satz mit Subjektsatz: *Wer reist,* erlebt so manche Überraschung.

  Subjektsatz   Ein Komma trennt den Subjektsatz ab.

- Im Satz nehmen Objektsätze die Rolle eines Objekts (Wen oder was ...?) ein, z. B.:
  - Satz mit „einfachem" Objekt: *Wir verstehen **das Funktionieren der Luftspiegelung.***
  - Satz mit Objektsatz: *Wir verstehen, **wie die die Luftspiegelung funktioniert.***

  Ein Komma trennt den Objektsatz ab.

---

1   **Luft ist unsichtbar – bemerken können wir sie trotzdem.**

a   Unterstreiche jeweils das Subjekt in den folgenden Sätzen zum Thema „Luft". Frage: Wer oder was ...?

<u>Der draußen Atmende</u> kann kondensierten Wasserdampf in der Luft als weiße Wolke sehen.

Der Seifenblasen Herstellende kann Luft in Blasen „fangen".

Das draußen Dinge Aufwirbelnde ist Luft in Bewegung.

Das aus Schornsteinen mit der erwärmten Luft weiß Aufsteigende sind winzige Wassertröpfchen.

b   Sag es einfacher! Formuliere die vier Sätze zu Subjektsätzen um.
    Tipp: Bilde aus den von dir unterstrichenen Wörtern passende Verben. Setze die Kommas.

Wer draußen atmet, ...

Wer ...

Was draußen ...

Was ...

2   **Formuliere zu den folgenden Fragen sinnvolle Objektsätze.**

Gibt es Luft im Weltall?   Wie atmen Fische?   Gibt es Leben ohne Sauerstoff?

Ich würde gerne wissen, ob es Luft ...

, wie ...

Relativsätze verwenden

Relativsätze sind Nebensätze. Sie werden durch ein **Relativpronomen eingeleitet,** das sich auf ein Wort im Hauptsatz bezieht. Sie werden **durch Komma** vom Hauptsatz abgetrennt, z. B.:

*Auf dem Tisch liegen die Gegenstände, **die** ich für das Experiment brauche.*

*Auf dem Tisch liegen die Gegenstände, mit **denen** ich das Experiment durchführen will.*

*Die Gegenstände, mit **denen** ich das Experiment durchführen will, liegen auf dem Tisch.*

Experiment: Was ist Luft?
– eine Glasschale, Durchmesser 30 cm   – ein Wasserglas ohne Muster
– zusammengeknülltes Zeitungspapier

1 Erläutere mit Hilfe der Bilder und der Notizen, wie das Experiment abläuft.
Formuliere Relativsätze. Setze die Kommas.

– Man benötigt eine Glasschale, die ...

– Man braucht ein Wasserglas, ...

– Man benötigt ...

2 Ergänze in der folgenden Beschreibung des Experiments die fehlenden Relativpronomen und Kommas. Setze richtig ein: *der, die, das* oder *dem?*
Tipp: Es fehlen 9 Kommas. Beachte in der Information den letzten Beispielsatz.

Man drückt das Glas _____ mit der Öffnung nach unten gehalten wird auf das Wasser. Dann

taucht man das Glas in _____ das Papier steckt ins Wasser. Das Glas _____ mit Luft ge-

füllt ist bleibt leer. Und das Papier _____ in dem Glas steckt bleibt trocken. Das Experiment be-

weist: Luft ist ein Element _____ ein Volumen hat und Raum einnimmt.

Attribute verwenden

- **Attribute beschreiben ein Bezugswort** (meist ein Nomen) **näher.**
- Sie sind Teil eines Satzglieds und bleiben bei der Umstellprobe **fest mit dem Bezugswort verbunden,** z. B.:
  Ein <u>langer</u> Strohhalm macht die Veränderung <u>des Luftdrucks</u> ⟨sichtbar⟩
  Die Veränderung <u>des Luftdrucks</u> ⟨macht⟩ ein <u>langer</u> Strohhalm ⟨sichtbar⟩
- Es gibt verschiedene Formen des Attributs, z. B.:
  – Adjektivattribut: *ein* | *langer* | *Strohhalm*
  – Präpositionalattribut: *die Flasche* ⟨*mit weiter Öffnung*⟩
  – Genitivattribut: *der Erfolg <u>des Experiments</u>*

1 Mit Luft das Wetter vorhersagen? Der folgende Versuch zeigt dir, wie das geht.

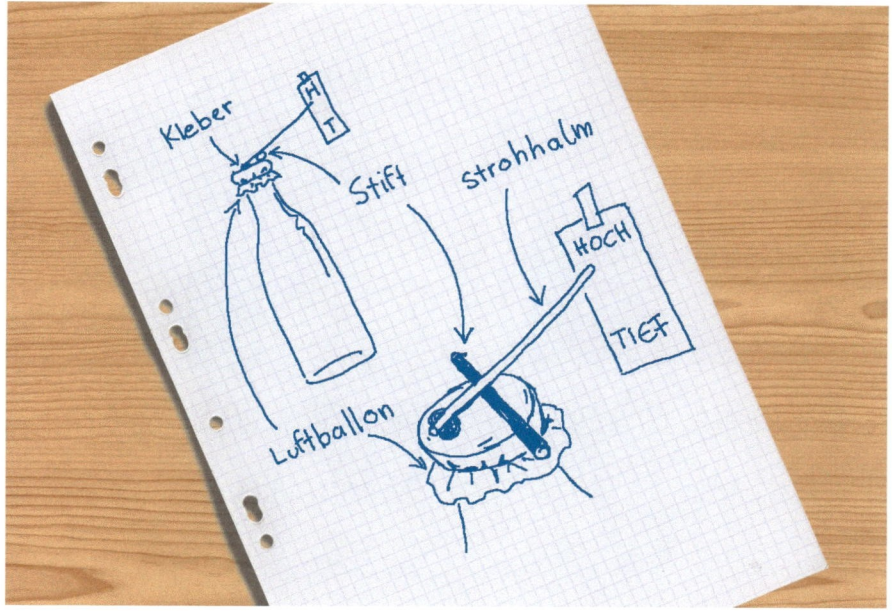

Das Barometer

Bei schönem Wetter wird der Luftdruck stärker. Dann presst er die Gummihaut auf der Flaschenöffnung nach innen und der Halm zeigt nach oben.
Bei schlechtem Wetter verringert sich der Druck und der Halm zeigt nach unten.

a Zu dem Versuch wurden im Folgenden einige Notizen verfasst. Die Angaben könnten genauer sein.
Ergänze die unterstrichenen Wörter auf dem Notizzettel durch nähere Angaben aus dem Wortspeicher.
Schreibe im Heft die Sätze neu auf und setze, wenn nötig, Kommas.

Wortspeicher

~~weite~~   des Strohhalms   glatte   mit einem Streichholz und einem Strohhalm   des Zettels

- <u>Die Flaschenöffnung</u> wird mit einem Stück Luftballon verschlossen.
- <u>Die Konstruktion</u> wird hoch- und niedergedrückt.
- <u>Der äußere und untere Rand</u> wird mit „Hoch" und „Tief" beschriftet.
- <u>Die Gummihaut</u> wird nach unten gedrückt, wenn der Druck stärker wird.
- <u>Die Position</u> zeigt an, ob das Wetter besser oder schlechter wird.

Die | *weite* | *Flaschenöffnung wird mit einem Stück Luftballon verschlossen. ...*

b Umrahme | Adjektivattribute | , umkreise ⟨Präpositionalattribute⟩ und unterstreiche <u>Genitivattribute</u>.

63

Im Labor (Teil 1) – Relativsätze ergänzen, Attribute bestimmen

1 Beantworte: Wofür braucht man die unten abgebildeten Dinge?

●○○   **a** Ergänze mit Hilfe des Wortspeichers unter den Bildern einen passenden Relativsatz.

    b Umrahme in jedem Relativsatz das Relativpronomen. Setze die Kommas.

> **Wortspeicher**
>
> der Flüssigkeiten aufbewahrt   mit dem man die Temperatur misst   mit dem man Flüssigkeiten umfüllt
> ~~das Dinge vergrößert~~   mit dem man kleine Gegenstände greift   die Flüssigkeiten einsaugt

Das Mikroskop ist ein Gerät, das Dinge vergrößert.

Die Pinzette ist ein Werkzeug

Das Reagenzglas ist ein Behälter

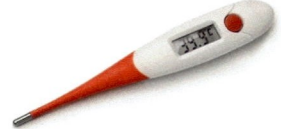

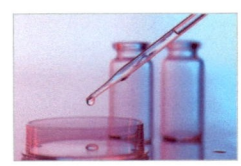

Das Thermometer ist ein Werkzeug

Die Pipette ist eine Glasröhre

Der Glaszylinder ist ein Gegenstand

2 In jedem der folgenden Sätze A bis F befindet sich ein Attribut.

●○○   **a** Bestimme in jedem Satz die Satzglieder mit Hilfe der Umstellprobe. Unterstreiche jedes Satzglied.

    b Umrahme in jedem Satz das Attribut.

    c Bestimme jedes Attribut. Kreuze an: Adjektivattribut = Adj.,
Präpositionalattribut = Präp., Genitivattribut = Gen.

	Adj.	Präp.	Gen.
A Das [teure] Mikroskop vergrößert besonders gut.	X		
B Die Arbeit mit der Pinzette erfordert Geschicklichkeit.			
C Die Größe des Reagenzglases ist genau richtig.			
D Das Thermometer an der Wand ist ungenau.			
E Die Öffnung der Pipette ist fein.			
F Der schmale Glaszylinder hilft beim Umfüllen.			

Im Labor (Teil 2) – Relativsätze bilden, Attribute einsetzen

1 Verknüpfe die Hauptsätze in der Tabellenspalte links mit beiden Aussagen in der Spalte rechts.
●●● Füge diese Relativsätze mit passenden Relativpronomen an und setze jeweils das Komma davor.

Wir erklären den Versuch.	durch ... Luft sichtbar wird.	... vorher immer wieder scheiterte.
Du stellst Fragen.	mit ... wir nicht gerechnet haben.	... wir jetzt beantworten können.
Wir fanden eine Lösung.	... uns überraschte.	über .... wir uns wunderten.

Wir erklären den Versuch, durch den Luft sichtbar wird.

Wir erklären den Versuch, ...

2 Bilde aus den folgenden Sätzen ungewöhnliche Zeitungsmeldungen, indem du ein Genitivattribut ergänzt.

Die Entdeckung sorgt für eine Sensation.

Das Verschwinden wirft Fragen auf.

Das Auftauchen sorgt für Chaos.

Die Lösung überrascht die Wissenschaft.

Die Entdeckung des neuen Planeten sorgt für eine Sensation.

3 Sag es kürzer! Schreibe jeden Relativsatz in einen Hauptsatz mit einem Adjektivattribut um.

A Der Professor, der alt ist, erklärt den Ablauf des Versuchs.

Der alte ...

B Das Publikum, das aufmerksam ist, beobachtet den Ablauf.

C Der Versuch, der kompliziert ist, glückt.

Adverbiale Bestimmungen verwenden

Information	Adverbiale Bestimmungen – Angaben zu näheren Umständen

■ **Genauere Umstände eines Geschehens** werden mit **adverbialen Bestimmungen** angegeben.

adverbiale Bestimmung	Fragen	Beispiel
der Zeit	Wann? Wie lange? Seit wann? ...	*Gerade* bewegt sich ein Ball
des Ortes	Wo? Von wo? Wohin? ...	*im Luftstrom*
der Art und Weise	Wie? Woraus? Womit? ...	*langsam* um sich selbst und wird
des Grundes	Warum? Warum nicht? ...	*auf Grund eines Zusammenspiels von* ...

■ Wenn **nur ein Wort** die adverbiale Bestimmung bildet und dieses Wort **nicht veränderlich** ist, nennt man es **Adverb** (▶ S. 44), z. B.: *dort, gestern, anders*.

1 **a** Welche „Luft"-Erfindung wird im Folgenden gesucht? Kreuze an.

☐ der Kühlschrank   ... kann auch an der Decke hängen.

☐ der Ventilator   ... wurde wegen starker Hitze gebaut.

☐ die Klimaanlage   ... kühlt Raumluft durch sich bewegende bzw. rotierende Metallblätter.

... wurde 1902 erfunden.

b Markiere die adverbialen Bestimmungen, die in den Sätzen verwendet werden, in den folgenden Farben: adverbiale Bestimmung der Zeit (Gelb), des Ortes (Grün), der Art und Weise (Blau), des Grundes (Orange).

c Erfrage jede adverbiale Bestimmung:
Notiere im Heft die passende Frage und nenne die Erfindung, die in Aufgabe 1 a gesucht wird: *Wann wurde ...*

2 **a** Können Bälle tanzen? Wenn du in der nachstehenden Beschreibung die fehlenden adverbialen Bestimmungen aus dem Wortspeicher ergänzt, weißt du, wie es funktioniert.
Tipp: Zwei adverbiale Bestimmungen aus dem Wortspeicher lassen sich nicht sinnvoll einsetzen.

> Wortspeicher
>
> Wegen der Schwerkraft   auf den Boden   in der Luft   In den Windstrom   auf die Vorderseite
> Nach einer Weile   sicher   Auf Grund des Windstroms

Man legt einen eingeschalteten Ventilator _____. Die Ventilatorenblätter zeigen

nach oben. _____ hält man einen leichten Ball. _____

tanzt dieser _____. Wie das funktioniert? _____ wird der Ball

hochgeblasen. Der Luftdruck gleicht aus und drückt dagegen. So wird der Ball _____ in seiner Po-

sition gehalten.

b Markiere die unterschiedlichen adverbialen Bestimmungen wie in Aufgabe 1 b farbig.

Adverbialsätze verwenden – Temporalsätze

Information	Temporalsätze – Adverbialsätze der Zeit

■ Mit **Temporalsätzen** kann man die **zeitliche Reihenfolge verdeutlichen.**
Man nutzt dazu **Verknüpfungswörter** (Konjunktionen) wie *während, bevor, nachdem, sooft, …*

Temporalsatz	Beispiel	Erläuterung
Vorzeitigkeit	***Nachdem er alles geprüft hatte,*** *leitete er den Start ein.*	erstes Geschehen im Nebensatz folgendes Geschehen im Hauptsatz
Gleichzeitigkeit	***Während er die Stadt überflog,*** *beobachtete er die Landschaft.*	gleichzeitiges Geschehen im Neben- und Hauptsatz
Nachzeitigkeit	***Bevor er landete,*** *drehte er noch eine Runde.*	erstes Geschehen im Hauptsatz folgendes Geschehen im Nebensatz

1 Im Jahr 1783 stieg der Physiker Jacques Charles mit einem Heißluftballon in den Himmel.

a Formuliere zu diesem Ereignis Temporalsätze: Verknüpfe den Hauptsatz A jeweils mit den Sätzen 1 bis 3.
Nutze die in den Bildern genannte Satzverknüpfung.
Tipp: Denke an das Komma zwischen Hauptsatz und Temporalsatz.

A Er flog mit einem Heißluftballon.

2 Er genoss die Aussicht.

während

1 Er hatte sich gut vorbereitet.

bevor

3 Die Zuschauer bejubelten ihn.

nachdem

1 Er hatte sich gut vorbereitet, bevor …

2

3 er mit dem Ballon geflogen war, …

b Kennzeichne in den Sätzen 1 bis 3 die Verknüpfungswörter unterschiedlich:
Vorzeitigkeit, Gleichzeitigkeit , Nachzeitigkeit.

Adverbialsätze verwenden – Kausalsätze

Information	Kausalsätze – Adverbialsätze des Grundes

- Mit **Kausalsätzen** kann man **Gründe und Ursachen einer Handlung oder eines Zustandes** angeben. Man nutzt dazu vor allem die **Verknüpfungswörter** (Konjunktionen) *da* und *weil*.
Kausalsätze lassen sich durch adverbiale Bestimmungen des Grundes ersetzen – und umgekehrt.

Kausalsatz (Adverbialsatz des Grundes)	Fragen	adverbiale Bestimmung des Grundes
*Viele Tiere kehren zu ihren Besitzern zurück, **weil sie einen guten Orientierungssinn haben.***	Warum? Aus welchem Grund? Weshalb?	*Viele Tiere kehren **wegen ihres guten Orientierungssinns** zu ihren Besitzern zurück.*

1 Eine Zeitung meldet folgende Schlagzeile:

> Katze Emily fliegt über den Atlantik

Finde einen möglichen Grund für den Flug der Katze. Verknüpfe die Schlagzeile mit einem Kausalsatz. Verwende die Konjunktion *da* oder *weil*. Setze das Komma zwischen Hauptsatz und Kausalsatz.

Katze Emily fliegt über den Atlantik ...

_____

2 Möchtest du wissen, was hinter der Schlagzeile steckt?
Verknüpfe mit *weil* zwei Sätze zu einem Satzgefüge mit einem Kausalsatz.
Tipp: Denke an das Komma zwischen Hauptsatz und Kausalsatz.

Emilys amerikanische Besitzer waren traurig. Ihre Katze war entlaufen.

Emilys amerikanische Besitzer waren traurig, weil ...

Sie reiste mit dem Schiff nach Europa. Sie war beim Streunen in einen Schiffscontainer gelangt.

_____

Emily landete in einer Stadt in Frankreich. Der Container wurde dorthin transportiert.

_____

Ein Tierarzt konnte Emilys Besitzer anrufen. Er fand die Telefonnummer auf dem Katzenhalsband.

_____

Emily flog umsonst nach Hause. Eine Fluggesellschaft spendierte das Ticket.

_____

Adverbialsätze verwenden – Modalsätze

Modalsätze – Adverbialsätze der Art und Weise

- Mit **Modalsätzen** kann man angeben, **auf welche Art und Weise etwas geschieht.**
  Man nutzt dazu z. B. die **Verknüpfungswörter** (Konjunktionen) *indem, wobei* und *dadurch dass/ohne dass.*
  Modalsätze lassen sich durch adverbiale Bestimmungen der Art und Weise ersetzen – und umgekehrt.

Modalsatz (Adverbialsatz der Art und Weise)	Fragen	adverbiale Bestimmung der Art und Weise
*Drachenflieger steigen empor, **indem sie den warmen Aufwind nutzen.***	Wie? Mit welchen Mitteln? Unter welchen Begleitumständen?	*Drachenflieger steigen **durch Nutzung des warmen Aufwinds** empor.*
*Drachenflieger schweben, **ohne dass sie einen Motor brauchen.***		*Drachenflieger schweben **ohne den Gebrauch eines Motors.***

1 Wie bewegen sich die Fahrzeuge fort? Erläutere dies unter den Bildern mit Hilfe von Modalsätzen. Verwende die Konjunktion *indem* und nutze den Wortspeicher.
Tipp: Denke an das Komma zwischen Hauptsatz und Modalsatz.

Wortspeicher

Druckluft treibt den Motor an   Luft wird unter den Schiffsboden geblasen   Luft wird erhitzt

Der Heißluftballon fliegt,   *Das Luftkissenboot*   *Das Auto fährt ...*
indem ...   *gleitet ...*

2 Hier sind Modalsätze durcheinandergeraten. Außerdem fehlen alle Kommas.
a Unterstreiche in jedem Satzgefüge den Modalsatz.
b Schreibe die Sätze so auf, dass sie wieder stimmen. Setze die Kommas.

VORSICHT FEHLER!

Flugzeuge fliegen indem sie mit den Flügeln schlagen. Frisbeescheiben fliegen indem sie den Auftrieb nutzen. Vögel fliegen indem sie kräftig in die Luft geworfen werden. Menschen fliegen indem Luft erhitzt wird. Heißluftballons fliegen indem sie in ein Flugzeug steigen.

Der Traum vom Fliegen (Teil 1) – Adverbialsätze bilden

1 Mit Skiern fliegen? Der folgende Text erklärt, in welcher Reihenfolge ein Sportler dazu vorgehen muss.

● ○ ○ **a** Ergänze die fehlenden Verknüpfungswörter (Konjunktionen) aus dem Wortspeicher. Setze die Kommas.

Wortspeicher

wenn   bevor   sobald   nachdem   während

Ein gründliches Training ist nötig _____ Sportler auf Skiern von riesigen Schanzen sprin-

gen können. Für einen Absprung muss der Sportler in die Hocke gehen _____ er die stei-

le Anlaufspur hinabfährt. Er muss dann abspringen _____ er den richtigen Punkt an der

Kante des Schanzentisches erreicht hat. Die Landung muss eingeleitet werden _____ der

Sportler dem Hang nahe kommt. Für seinen Sprung erhält der Skispringer eine bestimmte Punktzahl

_____ Sprungweite, Haltung und Windfaktor bewertet worden sind.

b Kennzeichne die Verknüpfungswörter im Text unterschiedlich: Vorzeitigkeit, Gleichzeitigkeit, Nachzeitigkeit.

2 Starten – springen – landen! Wie geht das denn?

● ○ ○ Bilde mit *indem* aus den folgenden Hauptsätzen Satzgefüge mit je einem Modalsatz.
Tipp: Denke an das Komma zwischen Hauptsatz und Modalsatz.

Der Skispringer gewinnt nach dem Start an Tempo.	Er geht auf der Anlaufspur in die Hocke.
Der Sportler schwebt auf einem Luftpolster.	Er legt seinen Körper zwischen die geöffneten Ski.
Der Athlet landet sicher.	Er spreizt die Arme und macht einen Ausfallschritt.

Der Skispringer gewinnt nach dem Start an Tempo, indem ...

_____

_____

_____

3 **a** Was gefällt Sportlern am Skispringen? Lies dazu die folgenden Aussagen.

● ○ ○

„Ich liebe den Nervenkitzel!"   „Ich möchte meine Angst überwinden!"   „Ich bin einfach gern in der Luft!"

b Formuliere die Aussagen um. Bilde Kausalsätze.
Verwende passende Verknüpfungswörter und setze die Kommas.

Ich mag Skispringen, weil ich ... _____

Mir gefällt Skispringen ... _____

Skifliegen liegt mir ... _____

Der Traum vom Fliegen (Teil 2) – Adverbialsätze bilden

1 Schreibe einen zusammenhängenden Text zum Thema „Wie Segelflugzeuge starten".
●●● Verknüpfe immer zwei aufeinanderfolgende Sätze zu einem Satzgefüge mit Temporalsatz.
Verdeutliche die zeitliche Abfolge durch passende Verknüpfungswörter. Setze das Komma.

1. Der Wagen mit der Winde fährt an das Startbahnende. + 2. Das Seil wird aus der Winde herausgezogen.
3. Das Seil wird am Flugzeug befestigt. + 4. Der Wagen mit der Winde zieht das Seil an.
5. Das Flugzeug schwebt in der Luft. + 6. Das Seil hakt sich automatisch aus.
7. Das Flugzeug steigt immer höher. + 8. Warme Luftmassen werden erreicht.

Sobald der Wagen mit der Winde an das Startbahnende gefahren ist, ...

_____

_____

_____

_____

_____

2 Formuliere um: Sag es mit einem Modalsatz.
●●● a Unterstreiche in jedem Satz die adverbialen Bestimmungen.
b Ersetze die adverbialen Bestimmungen durch einen Modalsatz.
Nutze passende Verknüpfungswörter. Setze jeweils das Komma.

Das Flugzeug hebt durch das schnelle Einziehen des Windenseils ab.

_____

Das Flugzeug steigt durch die Nutzung warmer Luftschichten auf.

_____

Das Flugzeug fliegt durch Umsetzung von Energie in Fluggeschwindigkeit.

_____

c Formuliere das Folgende mit einem Kausalsatz.
Nutze ein passendes Verknüpfungswort. Setze das Komma.

Segelfliegen ist wegen des Erlebens absoluter Stille sehr beliebt.

_____

Texte überarbeiten

1 Bereite deine Überarbeitung des folgenden Schülertextes vor.

a Es fehlen 3 Kommas. Markiere die 3 Textstellen. Begründe kurz die Kommasetzung in der rechten Randspalte.

b Die im Text unterstrichenen Sätze kannst du miteinander verknüpfen.
   Notiere ein passendes Verknüpfungswort (Konjunktion) in der Randspalte.
   Tipps:
   – Einmal können Sätze zu einer Satzreihe oder zu einem Satzgefüge mit einem Kausalsatz verknüpft werden.
   – Zweimal können Sätze zu einem Satzgefüge mit einem Relativsatz verknüpft werden.
   – Einmal können Sätze zu einem Satzgefüge mit einem Modalsatz verknüpft werden.

VORSICHT
FEHLER!

Wenn Schlangen fliegen

Schlangen werden zu den Kriechtieren gezählt weil sie in der Regel am Boden zu finden sind. <u>*Eine Schlangenart aber sticht hervor. Sie bewegt sich auf ungewöhnliche Weise fort.*</u> *Die Schmuckbaumnatter*
5 *aus Südostasien kann fliegen obwohl sie keine Flügel besitzt. Forscher haben nun untersucht wie sich die Schlangen in der Luft fortbewegen.* <u>*Die Reptilien bewegen sich von Ast zu Ast. Sie machen ihren Körper platt und verdoppeln ihre Breite.*</u> <u>*Die Schlangen be-*</u>
10 <u>*wegen sich schnell hin und her. Die Schlangen nutzen den Auftrieb wie Flugzeuge.*</u> *Durch die Anwendung dieser Technik fliegen die Schmuckbaumnattern bis zu 20 Meter weit.* <u>*Ähnlich talentiert sind die Flug-hörnchen. Die Flughörnchen breiten zum Fliegen ein-*</u>
15 <u>*fach ihre Hautfalten an den Beinen aus.*</u>

Komma: Satzgefüge mit
Kausalsatz
Satzgefüge mit „weil" oder
Satzreihe mit „denn" möglich

c Schreibe den Text mit Hilfe deiner Vorbereitung neu auf. Platz dazu findest du auf der nächsten Seite.
   Tipp: Denke auch an die Kommasetzung.

Wenn Schlangen fliegen

Schlangen werden zu den Kriechtieren gezählt, weil sie in der Regel am Boden zu

finden sind. Eine Schlangenart aber sticht hervor, …

2 Prüfe die Verknüpfung von Satz 2 und 3.
Erkläre knapp, warum sich hierfür das Verknüpfungswort *denn* eignet.

3 a Kreuze die richtige Antwort an: Der Satz
„…, *wie sich die Schlangen in der Luft fortbewegen*" ist ein ☐ Subjektsatz ☐ Relativsatz ☐ Objektsatz.
b Schreibe den Satz um. Notiere ihn als Satz mit einem einfachen Objekt.

4 a Unterstreiche im Satz „*Durch die Anwendung dieser Technik …*" die adverbiale Bestimmung der Art und Weise.
b Formuliere die adverbiale Bestimmung zu einem Modalsatz um.

5 Vergleiche die Lösungen zu Aufgabe 3 und 4 mit deiner bisherigen Textüberarbeitung.
Kreuze jeweils die Formulierung an, die deiner Meinung nach besser passt.

Teste dich! – Adverbialsätze

1 **a** Welches Verknüpfungswort (Konjunktion) aus dem Wortspeicher passt jeweils in den folgenden Text? Ergänze die Lücken. Setze die fehlenden Kommas.

Wortspeicher

indem   da   während   weil   indem

Wie kann ein Flugzeug fliegen?

Das Flugzeug wird stark beschleunigt _____ es über die Startbahn fährt. Die Luft wird durch die

Tragflächen geteilt _____ ein Teil der Luft über die Tragfläche, ein anderer Teil unter der Tragfläche

entlangfließt. Dabei hat die Luft auf der oberen Seite einen längeren Weg _____ die Tragfläche oben

gewölbt ist. Das Flugzeug fliegt _____ es diese beiden Luftströmungen nutzt. Es hebt schließlich

ab _____ die Luft an der Unterseite einen stärkeren Druck ausübt als die an der Oberseite.

b Bestimme wie folgt:

2 **a** Verknüpfe die Hauptsätze zu einem Satzgefüge mit einem Temporalsatz. Wähle aus dem Wortspeicher.

Wortspeicher

als   bevor   nachdem

1903 sorgten die Brüder Wright für eine Sensation. Sie stiegen mit dem ersten Motorflugzeug in die Luft.

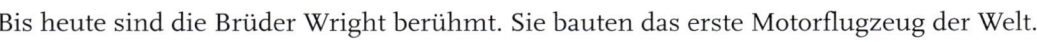

b Verknüpfe die beiden Hauptsätze zu einem Satzgefüge mit einem Kausalsatz.

Bis heute sind die Brüder Wright berühmt. Sie bauten das erste Motorflugzeug der Welt.

c Verknüpfe die beiden Hauptsätze zu einem Satzgefüge mit einem Modalsatz.

Der Propeller des ersten Motorflugzeugs drehte sich. Er wurde über eine Kette von einem Motor

angetrieben.

3 Zähle die Punkte, die du erreicht hast, mit Hilfe des Lösungsheftes zusammen (▶ S. 20).

☺ 13–10 Punkte	☺ 9–7 Punkte	☹ 6–0 Punkte
Gut gemacht!	Gar nicht schlecht! Wo hattest du Schwierigkeiten? Wiederhole die passenden Übungen auf S. 66–73.	Du solltest noch einmal üben! Arbeite die S. 66–73 erneut durch.

Das kann ich schon! – Rechtschreibstrategien

1 Prüfe, wie gut du deine Rechtschreibstrategien beherrschst. Ordne die folgenden Wörter in die Tabelle ein: Mit welcher Strategie kannst du die Schreibungen herausfinden?

PUNKTE

> die Zähne   die Erdkugel   der Zug   die Wegbeschreibung   der Schlüssel
>
> das Pfund   der Ballkünstler   die Zäune   der Zwerg   die Winde   die Gemäuer
>
> gesund   der Himmel   die Gesundheitstage   die Ernte   aufräumen

2 Trage das Strategiezeichen für die entsprechende Strategie ein.

PUNKTE

Strategiezeichen	Steht für das:
	Schwingen (Laut-Buchstaben-Zuordnung): Man schreibt, wie man spricht.
	Ableiten: um die Verwechslung von *e* und *ä*, *eu* und *äu* zu vermeiden.
	Zerlegen: um unklare Stellen in zusammengesetzten Wörtern herauszufinden.
	Verlängern: um unklare Auslaute und Einsilber deutlich zu hören.

3 **a** Schreibe die folgenden Wörter richtig auf: Ergänze *i* oder *ie*.

PUNKTE

b Ordne den Wörtern das richtige Strategiezeichen zu. Zeichne es davor.

PUNKTE

die L❓be   die S❓be   der W❓nter   z❓ren   s❓ben   w❓gen   l❓gen

z❓ht   kr❓cht   fl❓ßt   z❓rt   v❓l   schw❓mmt

die Z❓rnaht   die Fl❓ßgeschwindigkeit   der S❓bdruck   die Z❓lgerade

4 a Wende die Rechtschreibstrategien an:
Finde in den Sätzen A bis D die Fehlerwörter und verbessere sie.

A Der Sohn schickte seiner Familie eine Grusskarte mit herzlichen Grüssen aus dem Urlaub.
B Das schlechte Wetter liess sie verdriesslich werden, was zu Verdruß bei ihrer Freundin führte.
C Draussen auf der Strasse leuchtete die Strassenlaterne die dunklen Ecken aus.
D Der Schneider braucht das Massband, um die Länge des Kleides zu meßen.

b s-Schreibung, Großschreibung, Doppelkonsonanten, ie-Schreibung?
Welcher Fehlerschwerpunkt liegt in den Sätze A bis D vor? *Fehler in der* _____ *–Schreibung*

5 a Markiere die Fehler in dem folgenden Text. Berichtige sie.
b Benenne den Fehlerschwerpunkt: *Fehler in der Schreibung des* _____

Geocaching – Ein moderner Freizeitspaß

Geocaching ist eine moderne Form der Schnitzeljagd. Wie bei der traditionelen Schnizeljagd wird ein Schatz in der Natur versteckt, den es zu finden gilt. Neu ist aber, dass man für diesen Freizeitspass ein GPS-Gerät benötigt. Der Versteker des Schazes notiert

die GPS-Koordinaten der Stele, an der er sein Cache, seinen Schatz, versteckt hat, und veröfentlicht die Daten mit einer Beschreibung des Fundortes im Internet. Die Mitspieler gehen nun mit Hilfe eines Navigationsgerätes los, um den Schatz zu finden.

6 a Markiere auch die Fehler in der Fortsetzung des Textes. Korrigiere sie direkt im Text.

b Benenne den Fehlerschwerpunkt: _____

Was ist aber nun der schatz? Meistens besteht er aus einem behälter, in dem sich ein Logbuch und vielleicht tauschgegenstände befinden. Für den Schatz lohnt sich die Mühe also nicht. Aber der finder kann sich in das Logbuch eintragen und den Gegenstand eintauschen, und er kann seinen fund im Internet bekannt geben.

Er kann auch selber ein neues versteck anlegen und die Koordinaten veröffentlichen. Am wichtigsten ist aber wohl der spass, draußen mit anderen etwas zu unternehmen. Das bewegen in der Natur ist darüber hinaus sehr gesund und schafft einen Sinnvollen Ausgleich zum langen sitzen in der Schule, vor dem Computer und dem Fernseher.

7 Zähle deine Punkte mit Hilfe des Lösungsbeilegers zusammen (▶ S. 21). Wo hast du noch Probleme?

Rechtschreibstrategien anwenden – Fehler vermeiden

Strategie Schwingen – Wörter deutlich in Silben sprechen

Methode	Wörter schwingen

Viele deutsche Wörter sind **lauttreu**, d. h.: Wir ordnen **jedem** gesprochenen **Laut Buchstaben** zu.

- Wenn man die Wörter **deutlich in Silben mitspricht**, hört man, **mit welchen Buchstaben sie geschrieben** werden. Das nennt man **Wörter s**chwingen, z. B.: *Win ter, Far be, Me lo ne, Schu he, Schach teln.*
- Einige Laut-Buchstaben-Zuordnungen muss man kennen, z. B.: **„kw"** schreibt man **qu** (*Quelle, Quark*).

1 a Im folgenden Wortgitter findest du 12 lauttreue Wörter. Schreibe sie auf und zeichne die Silbenbögen.

L	K	U	C	H	E	N	A	I	E	L
I	N	B	M	Ä	M	A	L	E	R	Y
P	Q	Ö	R	E	G	E	L	Ä	B	I
K	I	R	S	C	H	E	K	O	F	F
H	G	M	D	O	S	E	S	C	A	K
W	C	S	A	U	E	R	I	D	M	Y
X	Q	U	B	A	U	E	R	N	N	Ö
E	K	F	N	H	Ö	F	E	E	O	E
J	Ö	P	I	N	S	E	L	P	K	W
Y	D	H	E	F	T	E	G	S	N	I
T	S	E	I	F	E	H	O	S	E	T

b Bilde im Heft aus den Wörtern mindestens 4 Zusammensetzungen, die lauttreu sind.

2 Vergleiche die folgenden Wörter in ihrer Schreibung.
Beschreibe mit Hilfe des nebenstehenden Lückentextes Gemeinsamkeiten und Unterschiede.

niederländisch	deutsch
kwaken	quaken
Kwark	Quark
Kwartier	Quartier
Kwaliteit	Qualität

Man spricht in beiden Sprachen _____ .

Im Niederländischen schreibt man _____ , im

Deutschen _____ .

3 Schreibe die Wörter mit *qu* aus der Textschlange heraus. Füge im Heft bei den Nomen den richtigen Artikel hinzu.

QUOTEQUADRATQUETSCHUNGQUELLEBEQUEMÄQUATORQUANTUM
QUITTUNGQUETSCHENQUITTENBROTQUIETSCHENQUERSCHNITTQUASTE

Strategie Verlängern – Einsilber und unklare Auslaute

Methode	Wörter verlängern

- Bei einsilbigen Wörtern und am Wortende gilt die eindeutige Laut-Buchstaben-Zuordnung nicht immer, z. B.: *der Zwerg, der Unfall*.
- Hier hilft die Strategie Verlängern. **Verlängern** heißt: **Man fügt an das Wort eine Silbe an.** Danach kann man die **Wörter wieder schwingen**, z. B.: *die Zwer ge, die Un fäl le*.
- Das Verlängern hilft auch, um die jeweilige **Wortart zu erkennen**, z. B.: *der Zwerg – **die** Zwer ge = Nomen, stellt – wir stel len = Verben, krumm – krum mer als = Adjektiv.*

1 Kreuze an: Welche Wörter werden am Ende anders gesprochen, als sie geschrieben werden?

☐ das Schaf   ☐ der Gepard   ☐ das Kamel   ☐ der Leopard   ☐ der Hund

☐ hell   ☐ rund   ☐ schön   ☐ mild   ☐ müd

☐ lebt   ☐ hebt   ☐ malt   ☐ schwimmt   ☐ summt

2 Mit Hilfe der jeweiligen Verlängerung kannst du Verben, Nomen und Adjektive sicher unterscheiden. Ordne die Verlängerungswörter aus Aufgabe 2 richtig in die Tabelle ein.
Tipp: Setze Nomen in die Mehrzahl, steigere Adjektive und setze Verben in eine andere Personalform.

Nomen: *die …*	Adjektive: *… er als*	Verben: *wir …*

3 a Unterstreiche in dem folgenden Text 10 Wörter mit einem unklaren Auslaut, die verlängert werden müssen.
 b Schreibe im Heft die Wörter mit ihren Verlängerungswörtern auf.

Mongolei – Spiel mit Schafsknochen

Viele Nomadenkinder in der Mongolei haben keine Spielesammlungen. Daher wird häufig mit den Knochen von Schafsgelenken gespielt, die man in der Mongolei Schagei nennt.

5 Der kleinste Knochen des Knöchels wird als Würfel genutzt, weil er fast viereckig ist. Er zeigt vier verschiedene Positionen an: Schaf, Ziege, Pferd oder Kamel.

Das einfachste Spiel geht so: Man verteilt die Schagei 10 auf dem Boden und wirft den Würfel hoch in die Luft. Solange sich der Würfel in der Luft befindet, muss man mit der Wurfhand möglichst viele Knochen vom Boden aufsammeln. Das braucht großes Geschick.

Wenn die Kinder mit den Schagei Pferderennen 15 spielen, wird eine lange Reihe von Knochen aufgebaut, die festlegt, wie viele Schritte zum Sieg nötig sind. Die beiden Spielpartner legen rechts bzw. links dieser Reihe ihren Spielknochen und würfeln mit insgesamt vier Knöcheln. Aber nur wer ein Pferd 20 würfelt, darf seinen Spielstein weitersetzen. Wer also Glück hat, kann vier Schritte weitergehen, wer Pech hat, kann keinen Schritt tun. Es gewinnt, wer zuerst ankommt.

Einsilbige Verbformen verlängern

<table>
<tr><td>Methode</td><td>Einsilbige Verbformen richtig verlängern</td></tr>
</table>

- Einsilbige Verbformen kann man durch Verlängern sicher schreiben, z. B.:
  *Er schrei**b**t – wir schrei **b**en.*
- Das Partizip II (▶ S. 48) wird meist mit der Vorsilbe ⬚ge⬚ gebildet. Wenn vorhanden, trennt man diese Vorsilbe ab und verlängert dann den Einsilber, z. B.: *Er hat* ⬚ge⬚ *le**b**t – wir le **b**en.*

1 Die Schreibweise einsilbiger Verbformen ist nicht immer hörbar.

a Markiere in den folgenden Verbformen die Stelle, die man nicht hören kann: *er/sie/es …*

kennt	lebt	rennt	nennt	kommt	knurrt	bellt	kriegt	birgt	erlebt
verlebt	belebt	bekennt	erkennt	benennt	erstellt	versagt	beklebt		

b Kreuze die zutreffenden Aussagen an.

⬚ Das *t* am Wortende gehört zu der Verbform. ⬚ Die unklare Stelle liegt vor dem *t.*

⬚ Das *t* am Ende schreibt man anders, als man es spricht.

c Begründe im Heft die Schreibweise der Verbform durch die Verlängerungsform mit: *wir …*

2 **a** Ordne die folgenden 15 Partizipien passend in das Wortgitter ein.
b Schreibe daneben ihre Verlängerungsformen auf.
c Suche dir 5 Partizipien aus und bilde Sätze. Schreibe sie ins Heft.

erkannt	getrabt	ausgeflippt	geprägt	gefragt	gestellt	bestellt	
gekrallt	geschnappt	geschleppt	gelebt	gesagt	erlaubt	geknallt	geschabt

1 E
2 E
3 E
4 E
5 E
6 E
7 E
8 E
9 E
10 E
11 E
12 E
13 E
14 E
15 E

Strategie Zerlegen – Zusammengesetzte Wörter

Methode	Wörter zerlegen, Bausteine abtrennen, Verlängerungsstellen suchen

- Verlängerungsstellen in zusammengesetzten Wörtern findet man, indem man sie **zerlegt**, z. B.:

  *das Schwi**mm**/b**ad** – denn: schwi**m m**en, die Bä **d**er.*
- Wenn man **Vor- und Nachsilben abtrennt**, kann man Verlängerungsstellen finden, z. B.:

  end|los – denn: *das En **d**e*   *die Blind|heit* – denn: *blin **d**er als.*

  Tipp: An den Nachsilben erkennst du die Wortart, z. B.: *-los, -haft* = Adjektiv; *-heit, -ung, -keit* = Nomen.

---

1 **a** Kreuze an: Welche Wörter muss man zerlegen, weil sich in ihnen Verlängerungsstellen befinden?

- [ ] Marmorkuchen
- [ ] Windbeutel
- [ ] Pfannkuchen
- [ ] Sandkuchen
- [ ] Landbrot
- [ ] Rosinenbrot
- [ ] Vollkornbrot
- [ ] Roggenbrot
- [ ] Wildbraten
- [ ] Rindfleisch
- [ ] Kalbfleisch
- [ ] Lammwurst

b Zerlege die Wortzusammensetzungen und markiere die unklaren Laute.

c Beweise die Schreibweise durch ein mögliches Verlängerungswort,   **z. B.:** *Berg werk – denn: die Ber ge.*

_____

_____

_____

2 **a** Bilde Wörter, indem du an die Einsilber eine Nachsilbe hängst. Ordne deine Wörter nach ihrer Wortart.

Land Freund Stand Feind Tugend Kind lieb wild rund	+	-schaft -heit -keit -nis
	+	-los -lich -haft

Nomen	Adjektive

b Zerlege deine Wörter aus Aufgabe 2 a und beweise die Schreibweise durch ein Verlängerungswort.

_____

_____

_____

3 Bilde im Heft einen Satz mit drei Wörtern aus Aufgabe 2.

Strategie Ableiten – Wörter mit *ä* und *äu*

Methode	Wörter mit *ä* und *äu* ableiten

- **Ableiten** heißt: **verwandte Wörter** mit *a* und *au* finden.
- **Normalerweise** schreibt man *e* oder *eu*.
- Wenn es **verwandte Wörter** mit *a* oder *au* gibt, dann schreibt man *ä* oder *äu*, z. B.:

  die Welt – aber: *er trägt*, denn: *tragen*   *die Leute* – aber: *läuten*, denn: *laut*

  Tipp: Wörter wie *Säbel* und *Bär* muss man sich **merken**.

---

1 **a** Markiere in den folgenden Sätzen die Schreibweise mit *ä* und *äu* mit dem Strategiezeichen: .

A Die Sonne scheint im Sommer alljährlich prächtig vom Himmel.

B Das Kätzchen schnurrt und hält das glänzende Näschen in die Sonne.

C Damit die Gärten gesäubert werden können, brauchen die Gärtner gutes Wetter.

D Die älteren Bäume spenden den Käuzchen gute Lebensräume.

b Schreibe die Beweiswörter mit *a* oder *au* in die Tabelle.

Wörter mit *ä* – Beweiswort mit *a*	Wörter mit *äu* – Beweiswort mit *au*

2 Überlege, ob du die nachstehenden Wörter mit *ä* und *äu* ableiten kannst oder ob du sie dir merken musst. Liste die Wörter in deinem Heft wie folgt auf:

Verwandtes Wort mit *a* oder *au*	Merkwort

Ähre Ausläufer Äquator häufig Ägypten Betäubung Geräusch Bestäubung äußerlich säuerlich einäugig Knäuel Wiederkäuer Käfer Häsin Käse täglich bäuerlich fähig während bewältigen

3 Bilde in deinem Heft mit mindestens 4 Merkwörtern sinnvolle Sätze.

Strategiewissen anwenden (Teil 1) – Pferde in der Mongolei

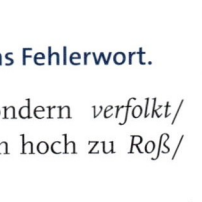

1
○●○

a Entscheide dich im folgenden Text für die richtige Schreibweise: Streiche das Fehlerwort.

Jedes Jahr findet in der Mongolei in der *Somerzeit/ Sommerzeit* das größte Fest der Mongolen statt, das Naadam-Fest. Drei Veranstaltungen stehen im *Vordergrunt/Vordergrund:* Reiten, Ringen und *Bogen-schießen/Bogenschiessen.*
Das *Pferderenen/Pferderennen* ist ein sehr beeindruckendes Spektakel, denn mehrere Hundert Pferde jagen *gleichzeitik/gleichzeitig* über die Steppe. Auch die *grosse/große* Masse der Zuschauer geht natürlich nicht zu Fuß, wie es die *auslendischen/ausländischen*

Besucher tun, sondern *verfolkt/ verfolgt* das Rennen hoch zu *Roß/ Ross.*
Gestartet wird in der Steppe je nach Altersklasse der Pferde in 12 bis 35 km Entfernung vom Ziel. Die Jockeys sind Kinder zwischen 6 und 12 Jahren, darunter sind viele Mädchen. Oftmals benutzen sie nicht einmal einen Sattel und *ungefehrlich/ungefährlich* ist das nicht. Nach dem Rennen werden allerdings nur die Pferde ausgezeichnet, ihre Reiter nicht.

b Kreuze an: Welche Strategien helfen, um die richtigen Schreibungen zu finden?

☐ Schwingen ☐ Verlängern ☐ Zerlegen ☐ Ableiten ☐ Merken

2
●○○

Finde in der Textfortsetzung die Fehler in den markierten Wörtern und verbessere sie.

Mongolische Kinder *könen* früher reiten als laufen, was *zeikt,* wie *wichtik* die Pferde sind. Ohne sie können die als Nomaden lebenden Menschen die große leere Weite gar nicht besiedeln. Heute werden in der Mongolei 2,4 Millionen Pferde zum Reiten und zur Milch- und Fleischgewinnung gehalten.
Dabei verlassen sich die Mongolen auf die besonders zähe Rasse der Mongolenponys. Ein solches Tier *träkt* schwere Lasten und *bewältikt* mühelos weite

Strecken und schlechte Wege. Es *lept* eigentlich in der *Grasteppe,* kann aber auch die extremen Bedingungen im Hochgebirge und in der Wüste überleben, wenn es mit Temperaturen von minus 40 Grad Celsius und einer dünnen Grasnarbe unter der Schneedecke zurechtkommen *muß.*

_____

_____

3
●○○

a Markiere alle Fehler mit dem entsprechenden Strategiezeichen.
b Berichtige im Heft: 4 Schwingfehler, 2 Verlängerungsfehler, 2 Zerlegefehler, 4 Ableitungsfehler.

Der junge Mongole Batocha fellt auf, wo immer er auftritt. Er hat nur ein Ziel, nämlich auf dem dreitegigen Nationalfest der Mongolei aufzutreten, bei dem es um den Wetbewerb in den Disziplinen Ringkampf, Bogenschießen und Pferderenen geht. Pferderennen werden eigentlich nur von Kindern verschiedener Altersgrupen bestriten. Eigentlich muss der junge Mongole seinem elteren Bruder bei der Arbeit helfen. Seine Aufgabe

ist es, die Tiere zu hüten und Wasser vom Fluß zu holen. Dennoch hat er intensiv und heimlich trainiert. Bei dem wichtigsten mongolischen Fest „Naadam" trefen sich die besten jugendlichen Reiter auf den besten Renpferden. Batocha reitet das Pferd des Onkels, obwohl seine Mutter es nicht wil. Sie hat Angst um ihren Sohn, denn die Rennen sind gefehrlich. Und gefeiert wird immer nur das Pferd, nicht sein Reiter.

Strategiewissen anwenden (Teil 2) – Pferde in der Mongolei

1 a Markiere die Fehler im Text. Korrigiere sie in deinem Heft.

Mongolenpferde sind nicht größer als Ponys und sehen im Vergleich zu Pferden, wie wir sie kenen, eher unscheinbar aus. Ihr Aussehen läst nicht vermuten, dass ohne sie die Mongolei nicht hätte besiedelt werden könen: Sie sind kleinwüchsig, aber kreftig. Ihr Fel ist zottelik und glanzlos, der Kopf im Verheltnis zum Körper zu groß, die Brust zu breit, die Beine sind nicht schlank geformt. Auch Namen haben sie

nicht, denn sie werden als Arbeitstiere gesehen. Zwar könnten die Tiere keinen Schönheitspreis gewinen, dafür gelten sie als die herteste Pferderasse dieser Welt. Sie entwickelten sich aus den Pferden, die den neunmonatigen Höhenwinter in der Steppe mit eißkalten Temperaturen und Stürmen und wenik Graß unter der Schneedecke überleben konnten. Nur sie hielten aus, was auch der Mensch auszuhalten lernte.

b Welche Strategie hilft bei den meisten Fehlern? _____

2 a Finde die Fehler und korrigiere sie.

Wehrend der eisigen Monate verlassen die Nomaden ihre Jurten, jene traditionellen Runtzelte, und ziehen in einfache Hütten um. Wenn bei minus 25 Grat Celsius das Feuer ausgeht, wird es auch innen erbermlich kalt. Deshalb werden die ganz kleinen Kinder verteilt: Jedes kriecht zu einem Erwachsenen unter

die wermende Decke. So passt die eltere Generation immer auf die jüngere auf. Wenn auch die Steppe sehr karg und ermlich wirkt, so ist das traditionelle Nationalfest Naadam der Mongolen ein buntes Spektakel voller Lebensfreude, bei dem Alte und Junge feiern.

b Welche Strategie ist am häufigsten nicht beachtet?

3 Markiere alle 12 Fehler mit dem hilfreichen Strategiezeichen. Korrigiere sie in deinem Heft.

Pferde, die beim Naadam starten, werden gut vorbereitet. Man hült sie einige Tage lang in Tücher, damit sie schwitzen und leichter werden. Geriten werden sie von besonders leichten Kindern, die selten elter sind als 10 Jahre. Die Pferde werden so trainiert, dass sie auch alein ins Ziel finden, falls einer der kleinen Reiter sich bei dem Tempo im gestreckten Galop nicht im Sattel halten kan. Die Rennen sind also keineswegs ungefehrlich. Gestartet wird ungefähr 20 Kilometer vom Zielpunkt entfernt. Der Zieleinlauf ist der Höhepunkt des

Nationalfestes. Aus fast jeder Familie sind Reiter im Rennen, deshalb sind alle gespannt, an welcher Stelle das Reitergespan die Ziellinie überquert und ob das eigene Kind auch ins Ziel komt. Wenn die kleinen Reiter mit ihren völlig erschöpften Pferden ihr Ziel erreichen, topt die Menge. Dem donnernden Hufgetrapel, dem Vibrieren des Bodens und dem Stampfen der Pferde beim Renende kann sich niemand entziehen.

Teste dich! – Strategiewissen

1 **Kreuze die richtigen Aussagen an.**

PUNKTE

- [ ] Schwingen ist die Strategie des Mitsprechens. Man schreibt, wie man spricht.
- [ ] Verlängern ist die Strategie für die Fehler am Wortanfang.
- [ ] Verlängern ist die Strategie für das Wortende.
- [ ] Verlängern ist die Strategie für einsilbige Wörter.
- [ ] Zerlegen muss man alle Wörter mit mehr als einer Silbe.
- [ ] Zerlegen muss man zusammengesetzte Wörter, um die Verlängerungsstellen herauszufinden.
- [ ] Ableiten heißt, verwandte Wörter zu suchen.
- [ ] Ableiten gilt nur für Wörter mit *ä* und *äu*.
- [ ] Man kann alle Wörter mit *ä* und *äu* ableiten.

2 **a Kreuze an: Welche 5 Wörter musst du zerlegen, um die Schreibweise zu erklären?**
b Setze 9 Verlängerungszeichen (⟳) an die richtigen Stellen.

PUNKTE

- [ ] Waldbrandgefahr
- [ ] Schuhsohlen
- [ ] Radioapparat
- [ ] Endrundenzeit
- [ ] Sportereignis
- [ ] Organisation
- [ ] Windrichtung
- [ ] Handballhalbzeitergebnis

3 **Korrigiere die fehlerhaften Wörter und ordne sie im Heft dem richtigen Strategiezeichen zu:** ⟳ ⟰ ⚡.

PUNKTE

Ringkämpfe in der Mongolei

Ringen ist in der Mongolei eine beliebte Wetkampfform, aber eher für Jungen und Menner als für Mädchen und Frauen. Wenn
5 ein Rinkampf leuft, sind die Straßen und Pletze wie leer gefegt, weil alle Mongolen dem Ereignis am Biltschirm oder am Radioapparat folgen. Der Wettkampf läuft streng nach dem
10 K.-o.-System ab, sodass sich die Zahl der Ringer mit jeder Runde halbiert, bis nur noch zwei zur Entrunde übrik bleiben.
Die Regeln sind denkbar einfach: Verloren hat der, der mit einem anderen Körperteil als mit seinen
15 Schuhsohlen die Erde berührt. Der Kampf ist zeitlich nicht begrenzt.

Die Wettkampfkleidung ist aus sehr reißfestem Material und besteht aus sehr kurzen Hosen und einem an der Brust offenen kur-
20 zen Jeckchen. Der Sage nach hatte die Jacke früher einen geschlossenen Schnit. Eines Tages sol aber ein bis dahin unbekannter Ringer angetreten sein, der alle namhaften Rivalen schluk.
25 Wie sich später herausstellte, sol dies eine Frau gewesen sein. Nach diesem Vorfall sei die Jackenform in der heute üblichen Weise verendert worden.
Wenn die Ringer den Wettkampfplatz betreten, tun sie dies mit auffelligen Bewegungen, um den Flug
30 eines mechtigen Adlers darzustellen. Sie halten die Arme ausgestreckt und bewegen den Körper.

4 **Zähle die Punkte, die du erreicht hast, mit Hilfe des Lösungsheftes zusammen (▶ S. 23).**

GESAMT

☺ 36–29 Punkte	☺ 28–20 Punkte	☹ 19–0 Punkte
Gut gemacht!	Gar nicht schlecht! Wo hattest du Schwierigkeiten? Wiederhole die passenden Übungen auf S. 77–83.	Du solltest noch einmal üben! Arbeite die S. 77–83 erneut durch.

Rechtschreibung verstehen – Regeln anwenden

Doppelte Konsonanten – Achte auf die erste Silbe

| **Information** | **Regel für doppelte Konsonanten** |

- **Offene Silben enden** mit einem **Vokal**. **Geschlossene Silben enden** mit einem **Konsonanten**.
- **Doppelte Konsonanten** schreibt man **nur**, wenn die **erste Silbe im zweisilbigen Wort geschlossen** ist.
- Stehen an der **Silbengrenze zwei verschiedene Konsonanten**, **verdoppelt** man **nicht**, z. B.: *die Wel ten* – aber: *die Wel len*.
- Um die Regel anzuwenden, muss man Einsilber verlängern, z. B.: *er rennt* – denn: *ren nen*.

1 **a** Prüfe durch das Schwingen, wie die erste Silbe der folgenden Wörter jeweils gesprochen wird.

b Wie lautet dein Ergebnis? Streiche das nicht passende Adjektiv am Satzende durch.

A Wenn die erste Silbe offen ist, spricht man den Vokal *kurz/lang*.

B Wenn die erste Silbe geschlossen ist, spricht man den Vokal *kurz/lang*.

| haben   der Haken   der Hafen   haften   die Hälse   halten   hallen   hämmern |
| der Hammel   der Hase   hassen   heiter   der Himmel   die Henne   hinken   blinken   holen |

2 **a** Trage die Wörter aus Aufgabe 1 in die nachstehende Tabelle ein.

b Ergänze die Überschriften und setze ein: *offen/geschlossen; gleiche/verschiedene.*

Erste Silbe _____	Erste Silbe _____	
	Zwei _____ Konsonanten	Zwei _____ Konsonanten
ha ben	*haf ten*	*hal len*

3 Die folgenden Einsilber musst du verlängern. Trage ein und schreibe das verlängerte Wort als Beweis dazu.

l/ll: be_____t – denn: _____   ma_____t – denn: _____

m/mm: he_____t – denn: _____   ko_____t – denn: _____

n/nn: ne_____t – denn: _____   mei_____t – denn: _____

f/ff: ho_____t – denn: _____   scha_____t – denn: _____

Methode	Zerlegen und Verlängern

Zusammengesetzte Wörter muss man zerlegen, um die Regel für doppelte Konsonanten anzuwenden, z. B.:

die Re**nn**/pferde – denn: re**n** **n**en.

4 **a** Im folgenden Wortgitter findest du 12 Wortzusammensetzungen. Markiere sie.
b 10 Wörter müssen zerlegt werden.
Beweise die Schreibung der Doppelkonsonanten durch ein Verlängerungswort. Notiere es.

B	U	N	D	E	S	I	N	N	E	N	M	I	N	I	S	T	E	R	I	U	M
I	C	Ö	K	A	L	L	T	A	G	S	S	O	R	G	E	N	E	P	M	L	K
U	Y	Y	V	A	N	T	R	I	T	T	S	R	E	D	E	S	Q	C	C	O	N
P	A	M	E	T	A	L	L	G	I	T	T	E	R	Z	H	J	T	V	Ö	Ä	W
R	A	B	A	T	T	M	A	R	K	E	D	R	U	C	K	M	I	T	T	E	L
D	F	E	T	T	V	E	R	B	R	E	N	N	U	N	G	O	S	M	Ä	L	P
T	U	Ö	T	E	M	P	O	O	B	E	R	G	R	E	N	Z	E	U	A	M	W
Q	Ö	T	R	I	T	T	S	I	C	H	E	R	H	E	I	T	N	W	N	S	J
G	O	B	N	A	T	I	O	N	A	L	M	A	N	N	S	C	H	A	F	T	E
K	J	F	R	V	G	A	P	R	O	G	R	A	M	M	P	U	N	K	T	E	L
Ö	X	P	F	B	R	E	N	N	H	O	L	Z	S	U	C	H	E	V	U	U	M

5 **a** In der Beschreibung für das afrikanische Spiel „Mpira" fehlen fälschlicherweise
fast alle Doppelkonsonanten. Markiere die Fehler.
b Ordne anschließend die korrigierten Wörter in die Strategietabelle unten ein.

Mpira – Afrikanischer Sandfußbal für 2 Spieler

Man braucht: 4 Stöckchen oder Steine für die Torpfosten, 7 Steine pro Spieler,
die man unterscheiden kan, und 1 kleinen runden Stein oder eine Murmel.

Zuerst wird das „Fußbalfeld" aufgebaut. Man braucht eine feste ebene Sand-
fläche, denn der Bal mus rolen könen. Die Tore werden mit Stöckchen gestekt.
5 Sie sind ca. 1,50 m voneinander entfernt und 20–30 cm breit. Jeder Spieler
bekomt 7 Steine, die sein Team bilden. Diese „Fußbalspieler" werden gleich-
mäßig auf dem Feld verteilt.
Spielregeln:
Der anstoßende Spieler setzt den Ball in die Mite seiner Spielhälfte.
10 Nun versucht er, seinen Spielstein, der am nächsten am „Ball" liegt, durch

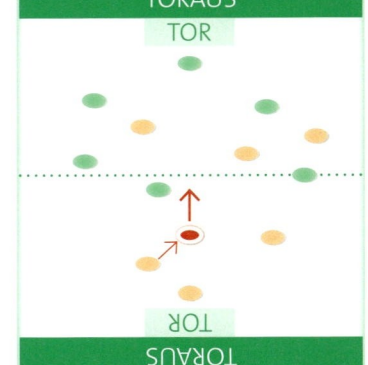

„Anditschen" so gegen den Ball zu stoßen, dass der in Richtung des gegnerischen Tores rolt. Nach jedem
Schus dürfen die Spieler einen ihrer Steine eine Handbreit versetzen. Nach jedem Tor dürfen die Steine ganz
neu verteilt werden. Gewonen hat imer der, der am meisten Tore geschosen hat.

Schwingen	Verlängern	Zerlegen

s oder ss? – Achte auf die erste Silbe

Information	Regel für Wörter mit s-Laut (Teil 1)

- Man schreibt **s,** wenn die **erste Silbe offen** ist und man den **s-Laut summend** spricht, z. B.: *die Ro se,*
  wenn die **erste Silbe geschlossen** ist und **zwei verschiedene Konsonanten** an der **Silbengrenze** stehen, z. B.: *die Res te, die Wes pe.*
- Man schreibt **ss,** wenn die **erste Silbe geschlossen** ist, z. B.: *die Ros se.*
- Um diese Regeln für den s-Laut anzuwenden, braucht man das zweisilbige Wort.

1　a　Prüfe durch das Schwingen, wie die erste Silbe der folgenden Wörter jeweils gesprochen wird.

　　b　Wie lauten deine Ergebnisse? Ordne die Wörter nach der ersten Silbe und trage sie richtig in die Tabelle ein.

die Binse　die Bisse　die Vase　die Leiste　der Käse　die Kissen　die Reste
das Wesen　die Risse　die Bremse　die Küsse　die Rose　die Gäste　die Dose
das Wissen　die Gämse　die Hose　fassen　der Pinsel

   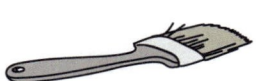 

Erste Silbe offen	Erste Silbe geschlossen Zwei verschiedene Konsonanten	Zwei gleiche Konsonanten
die Ha sen	*has ten*	*has sen*

2　a　Die Vorsilbe │*miss-*│ schreibt man mit **ss,** z. B.: *der* │Miss│*erfolg.*
　　　Begründe, warum man sich die Schreibung dieser Vorsilbe nur merken kann.

　　b　Verbinde die folgenden Verben mit der Vorsilbe *miss-*.

verstehen　fallen　achten　behagen　gönnen　raten　brauchen　billigen

s oder *ß*? – Summend oder zischend

- Man schreibt *s*, wenn die **erste Silbe offen** ist und man den *s*-Laut **stimmhaft summend** spricht, z. B.: *die Grä ser, die Mäu se.*
- Man schreibt *ß*, wenn die **erste Silbe offen** ist und man den *s*-Laut **stimmlos zischend** spricht, z. B.: *die Grü ße, drau ßen.*
- Um diese Regeln für den *s*-Laut anzuwenden, braucht man das zweisilbige Wort.

1 a Setze ein: *s* oder *ß*?

  b Liste anschließend die Wörter richtig in einer Tabelle wie folgt ein.

die Do_____e   die So_____e   die Ho_____e   die Lo_____e   au_____en   die Wie_____en   der Kie_____el

drau_____en   gie_____en   schwei_____en   sü_____en   flie_____en   das Wie_____el   die Fü_____e

Erste Silbe offen – summendes *s*	Erste Silbe offen – zischendes *s*
. . .	. . .

2 Am Ende eines Einsilbers unterscheiden sich *s* und *ß* in der Aussprache nicht.

  a Verlängere die nachstehenden Wörter und ordne sie in die Tabelle aus Aufgabe 1 ein.

Es gie?t   flie?t   nie?t   rei?t   hei?t   rei?t   grü?t   schmei?t   gra?t   prei?t   bei?t

  b Bilde einen Satz, in dem mindestens 3 Wörter mit *ß* vorkommen.

3 Im Wortgitter sind 10 Wortzusammensetzungen mit *s* geschrieben. Markiere sie. Davon müssen aber 7 Wörter mit *ß* geschrieben werden.
Korrigiere sie und begründe die Schreibweise durch ein Verlängerungswort,
z. B.: *Fließ | geschwindigkeit* – denn: *fließen.*

VORSICHT
FEHLER!

D	O	K	K	S	S	C	H	W	E	I	S	G	E	R	Ä	T
B	C	F	L	E	I	S	C	H	P	R	E	I	S	W	M	I
Y	S	F	L	O	S	P	A	D	D	E	L	T	U	X	K	M
C	V	G	R	A	S	S	A	M	E	N	I	L	J	T	Y	W
Z	Z	J	S	C	H	M	E	I	S	F	L	I	E	G	E	B
W	F	J	E	J	Y	G	R	U	S	K	A	R	T	E	T	O
G	Z	S	C	H	O	S	H	U	N	D	J	Y	N	M	A	P
Y	M	R	Q	H	K	L	Ö	E	I	S	S	O	R	T	E	P
S	P	A	S	V	E	R	A	N	S	T	A	L	T	U	N	G
E	Y	N	H	E	I	S	L	U	F	T	B	A	L	L	O	N

ss und ß in einer Wortfamilie – Achte auf die erste Silbe

Information	Wörter mit ss und ß in einer Wortfamilie

- Verben können in ihren verschiedenen Formen zwischen ß und ss wechseln, z.B.:

  er beißt – denn: *sie beißen*; aber: *er biss* – denn: *sie bissen*.
- Diese Schreibweisen werden auch in verwandten Nomen und in Wortzusammensetzungen beibehalten, z.B.: *der Beißer* und *die Beißzähne* – denn: *beißen*; aber: *die Bisse* und *die Bisswunde* – denn: *die Bisse*.
- Um die Schreibweise zu begründen, braucht man die zweisilbige Form.
  Deshalb muss man **Einsilber verlängern** und **Zusammensetzungen zerlegen**.

1 Ordne die folgenden Wörter richtig in die Tabelle ein:
goss   das Maß   schoss   der Guss   misst   reißen   der Riss   schießen   gießen   maß   reißt   schießt

Infinitiv	Präsens	Präteritum	Nomen
fließen	es fließt – denn: fließen	er floss – denn: flossen	der Fluss – denn: die Flüsse
	er gießt – denn:		
		er riss – denn:	
			der Schuss – denn: die Schüsse
messen			

2 Mit ß oder mit ss? Gehe so vor: *der Flusskrebs* – denn: *die Flüsse, die Fließgeschwindigkeit* – denn: *fließen*

die Gie_____kanne   – denn: _____   das Gu_____eisen   – denn: _____

die Ri_____festigkeit – denn: _____   die Rei_____leine   – denn: _____

das Schie_____pulver – denn: _____   die Schu_____linie   – denn: _____

die Me_____latte   – denn: _____   der Ma_____schneider   – denn: _____

3 **a** Setze die fehlenden Buchstaben ein: *s*, *ss* oder *ß*?
b Zeichne in die Kreise das Symbol für die Strategie, die du angewendet hast.

Der Fu_____baller scho_____ den Ball mit gro_____er Wucht ins Tor. Weil der Torwart gedö_____t hatte, konnte

der Schu_____ zu einem guten Abschlu_____ gebracht werden. Der Schütze lie_____ sich ins Gra_____ fallen

und geno_____ den Beifall der begei_____terten Zuschauer.

i oder *ie*? – Achte auf die erste Silbe

Information	Regel für Wörter mit *i* oder *ie*

- Die **meisten Wörter mit *i*-Laut** schreibt man **mit einfachem *i*.**
  Man schreibt **immer *i***, wenn die **erste Silbe geschlossen** ist, z. B.: *der Win ter.*
- Man schreibt **nur *ie***, wenn die **erste Silbe offen** ist, z. B.: *die Bie ne.*
  Diese Regel gilt **nur für zweisilbige deutsche Wörter.**
- Um die Regel anzuwenden, muss man **einsilbige Wörter verlängern**, z. B.: *der Dieb – die Die be.*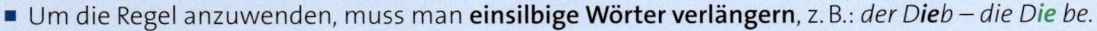

  Wortzusammensetzungen muss man **zerlegen**, z. B.: *der Dieb/stahl – die Die be.*

1
a Prüfe durch das Schwingen, wie die erste Silbe der folgenden Wörter jeweils gesprochen wird.
b Wie lauten deine Ergebnisse? Ordne die Wörter nach der ersten Silbe und trage sie richtig in die Tabelle ein.

hindern   singen   hissen   winseln   missen   schieben
wissen   binden   lindern   mildern   liegen   schielen

c Kreuze die jeweils richtige Antwort unter der Tabelle an.

Erste Silbe offen	Erste Silbe geschlossen	
	Zwei verschiedene Konsonanten	Zwei gleiche Konsonanten
_____	_____	_____
_____	_____	_____
_____	_____	_____
_____	_____	_____
_____	_____	_____
_____	_____	_____

Man spricht das *i* ☐ lang ☐ kurz.   Man spricht das *i* ☐ lang ☐ kurz.   Man spricht das *i* ☐ lang ☐ kurz.

2 Entscheide: *i* oder *ie*? Beweise durch ein Verlängerungswort.

das R_____nd – denn: _____   der D_____b – denn: _____

das S____b – denn: _____   das Z____l – denn: _____

der R_____ss – denn: _____   der B_____ss – denn: _____

der Tr____b – denn: _____   das T___r – denn: _____

Der *i*-Laut in Merk- und Fremdwörtern – Achte auf die Silbenzahl

Information   Regel für Merk- und Fremdwörter mit *i*-Laut

- Die *ie*-Regel lautet, dass man nur *ie* schreibt, wenn **in einem zweisilbigen deutschen Wort** die **erste Silbe offen** ist (▶ S. 90). Werden sie dennoch mit einfachem *i* geschrieben, muss man sie sich merken, z. B.: *Tiger, Biber*
- **Mehrsilbige Fremdwörter** hingegen **schreibt man in der Regel mit einfachem *i***, auch wenn die Silbe offen ist und das *i* lang gesprochen wird, z. B.: *die Tur bi ne, die Ma schi ne*.
- Die Endungen *-ie, -ier, -iert* und *-ieren* muss man sich als Ausnahmen **merken**.

1 In der Wörterschlange findest du zweisilbige deutsche Wörter und mehrsilbige Fremdwörter.

a Ordne die Wörter nach der Anzahl ihrer Silben.

b Kreuze anschließend an, ob es sich um zu merkende Wörter oder regelhafte *i*-Schreibungen handelt.

K I N O K I L O B I B E R T I R A M I S U L I M O N A D E P R I M E L T I G E R T E R M I T E N
P A N T O M I M E Z I T R O N E B I B E L A P F E L S I N E B I B L I O T H E K G I R A F F E Z I V I L S I L O

Zweisilber	Mehrsilber

Es handelt sich um Wörter,

☐ die man sich mit *i* merken muss.

Es handelt sich um Wörter,

☐ die laut Regel nicht mit *ie* geschrieben werden.

2 Verbinde diese Wortbausteine mit den Endungen *-ie, -iert, -ieren*. Ordne sie in deinem Heft wie folgt:

Garant-	Harmon-	marsch-	Reg-	buchstab-	Strateg-	Melod-	fund-	pik-	pol-	stud-

Wörter mit *-ie*	Wörter mit *-iert*	Wörter mit *-ieren*

3 In der folgenden Spielanleitung zum Spiel „Wolak-walik" fehlen fast alle *i*-Laute. Setze sie ein.

D___ses Sp___l w___rd in Indonesien trad___t___onell von Mädchen gesp___lt, g___lt aber auch in anderen Ländern als sehr bel___bt. Alle Sp___ler haben die gleiche Anzahl von Sp___lsteinen, z. B. K___sel oder Nüsse.

Zu Beg___nn verteilt ein Sp___ler alle Steine w___llkürlich vor s___ch auf dem Boden. Nur einen Stein behält man, den Kokojo. D___sen legt man auf den eigenen Handrücken und w___rft ihn hoch in die Luft. Solange s___ch der Stein in der Luft bef___ndet, muss man möglichst v___le seiner Steine einsammeln. Dann muss man den Kokojo w___der auffangen, bevor er auf den Boden fällt. Dies ist w___rklich n___cht einfach und gel___ngt erst nach mehreren Versuchen. Es gew___nnt, wer als Erstes alle Steine einsammeln konnte und erst danach den Kokojo wieder auffängt. Man kann über die Zahl der Sp___lsteine den Schw___rigkeitsgrad steuern.

Wörter mit *h* – Hören oder merken

| Information | Regel für Wörter mit *h* |

- Bei **einsilbigen Wörtern** kann man das *h* **nicht hören**. Wenn man sie **verlängert**, erscheint das *h* bei vielen Wörtern zu Beginn der **zweiten Silbe**. Es **öffnet** diese Silbe **hörbar**, z. B.: *geht – denn: ge hen.*
- Bei anderen Wörtern bleibt das *h* **in der ersten Silbe**. Diese Wörter sind **Merkwörter**. Man kann das *h* durch keine Strategie hörbar machen, z. B.: *fah ren, die Boh nen.*
- Das *h* bleibt in **allen Schreibweisen der Wortfamilie erhalten**, z. B.: *der Fahrer, der Fahrlehrer.*
- Zusammensetzungen muss man zerlegen und dann verlängern, z. B.: *der Geh|steig* – denn: *ge hen.*

1
a Unterstreiche in den folgenden Sätzen die Wörter mit hörbarem *h*.
b Markiere die Wörter mit nicht hörbarem *h* mit dem Strategiezeichen .

Die Fahrer fahren die Autos in die Werkstatt.   Wir gehen in die Eisdiele und schlecken ein Eis mit Sahne.

Die Ärzte ziehen die Zähne heute nicht mehr so schnell wie früher.

2
a Prüfe durch Verlängern, welche der folgenden Wörter Merkwörter sind. Markiere sie mit dem Zeichen .
b Kennzeichne Wörter, deren *h* du durch Verlängern hörbar machen kannst, mit dem Zeichen .

> der Rahm   sprüht   der Lohn   das Reh   der Zahn   zahm   geh   sehr   der Kahn   o weh

3 Ordne die Merkwörter mit *h* ihrer Wortfamilie zu. Schreibe die jeweilige Ziffer ① bis ⑤ davor.

① erzählen   ② rühren   ③ wehren   ④ wählen   ⑤ bohren

> der Erzähler   wehrhaft   die Bohrinsel   er wählt   der Wehrdienst   gerührt   die Bohrmaschine
> das Wahljahr   wehrlos   die Wehrpflicht   erzählt   der Wähler   das Rührgerät   das Erzählgerüst
> das Bohrloch   der Rührstab   die Wählscheibe   das Wahlergebnis   der Rührkuchen   gebohrt

4 Diese Wörter kann man leicht verwechseln:
Mahl und *Mal*, *während* und *wären*, *Wahl* und *Wal*, *hohl* und *hol*, *dehnen* und *denen*, *ihm* und *im*.
a Ordne die Wörter nach ihrer Bedeutung in das Wortgitter richtig ein.
b Kennzeichen im Wortgitter die Merkwörter mit .

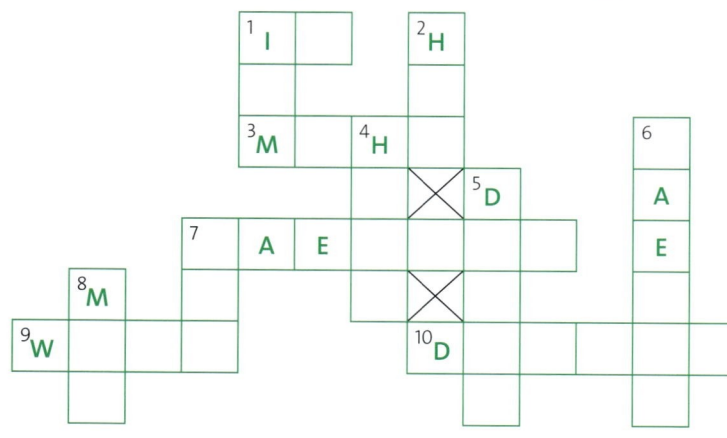

waagerecht:
1 Kurzform für *in dem*   3 Essen   7 dauern
9 Auswahl treffen   10 lang machen
senkrecht:
1 männliches Personalpronomen
2 Befehlsform von *holen*   4 innen leer
5 Relativpronomen im Plural
6 Konjunktivform von *sein*
7 ein Meeressäuger
8 besonderes Erkennungszeichen

5 Bilde mit jedem der Wörter aus Aufgabe 4 einen Satz, sodass die Bedeutung klar wird. Schreibe ins Heft.

Teste dich! – Regelwissen

1 Kreuze an, ob die Aussagen von A bis G richtig oder falsch sind.

PUNKTE

richtig   falsch

A Doppelkonsonanten schreibt man, wenn die erste Silbe offen ist. ☐ ☐

B Doppelkonsonanten schreibt man, wenn die erste Silbe in einem zwei-silbigen Wort geschlossen ist. ☐ ☐

C Wenn nach der ersten geschlossenen Silbe zwei verschiedene Konsonanten folgen, verdoppelt man nicht. ☐ ☐

D Das *ie* ist typisch für Fremdwörter. ☐ ☐

E Das *ie* schreibt man in zweisilbigen deutschen Wörtern. ☐ ☐

F Das *ß* ist ein typisch deutscher Buchstabe. ☐ ☐

G Man schreibt *ß* nur, wenn die erste Silbe offen ist und man den *s*-Laut zischt. ☐ ☐

2 Im folgenden Text kommen fälschlicherweise nur einfache Konsonanten vor. Markiere die 13 Fehlerwörter und berichtige sie im Heft.

PUNKTE

1 In Japan könen schon recht junge Menschen mit Stäbchen esen. Wir Europäer dagegen werden damit

nicht so leicht sat. Für den Anfänger gibt es einen Trik: Nim ein Stükchen Papier (etwa so groß wie ein

Zetel von einem Notizblok) und falte es mehrmals. Es sol dann ungefähr so groß sein wie dein Daumen-

nagel. Dieses gefaltete Papier legst du zwischen die Enden der beiden Stäbchen und umwikelst das

5 Ganze dann mit einem Gumiband. So kanst du die Stäbchen bewegen, aber sie falen dir nicht dauernd

einzeln aus der Hand.

3 *s, ss* oder *ß*? Trage die richtige Schreibung der s-Laute in die folgenden Lücken ein.

PUNKTE

1 Wenn man in Afrika zum E____en eingeladen wird, spei____t man mei____tens zusammen mit einer

Gro____familie. Alle sitzen auf dem Boden oder auf kleinen Holzschemeln: Zuerst werden Schalen mit

Wa____er zum Händewaschen herumgereicht. In der Mitte dampft die gro____e Schü____el mit Rei____ oder

Getreidebrei, am Rande liegen Fleischstückchen und die So____e. Jeder i____t an der Stelle, die er von seinem

5 Platz aus erreichen kann. Der Gast beginnt. Statt mit Me____er und Gabel wird mit der rechten Hand gege____en,

denn die linke gilt als unsauber. Mit dem Daumen und Zeige- und Mittelfinger rollt man aus dem klebrigen

Reis eine Kugel und arbeitet dabei Fleisch und So____e mit ein. Das mu____ geübt sein, bevor man die Kugel

dann elegant zum Mund führen kann.

4 a Vergleiche deine Ergebnisse mit dem Lösungsheft.
b Übe erneut die Schreibungen, bei denen du noch Schwierigkeiten hattest.

GESAMT

Groß- und Kleinschreibung – Nomen schreibt man groß

Nomenproben anwenden

Information	Nomen durch Proben erkennen

Nomen schreibt man groß. In Texten erkennt man sie mit der Hilfe von drei **Proben**.
- **Artikelprobe**: Vor Nomen kann man einen Artikel setzen, z. B.: **der** Zucker, **die** Suppe, **das** Kind.
- **Zählprobe**: Nomen kann man zählen, z. B.: **zwei, drei, zehn, viele, einige** Ziegen.
- **Adjektivprobe**: Nomen kann man durch Adjektive näher beschreiben, z. B.: die **zickige** Ziege.

1   Wende die Artikelprobe an. Setze den richtigen Artikel *der, die, das* vor die folgenden Nomen.
Tipp: Bei Zusammensetzungen bestimmt der zweite Begriff das Geschlecht (den Genus).

_____ Ostküste _____ Insel _____ Welt _____ Zeit _____ Packeisgürtel _____ Gegenden _____ Jahreshälfte

_____ Versorgungsschiffe _____ Land _____ Einwohner _____ Dorf _____ Siedlung _____ Kleinstadt

_____ Gemeinde _____ Menschen _____ Fläche _____ Spur _____ Weg _____ Winter _____ Spur

_____ Hundeschlitten _____ Skiwanderer _____ Schneemobile _____ Richtung

2   **a**   Lies den Text und prüfe, ob du verstehst, um was es geht. Kreuze an:

☐ Ich verstehe nicht, um was es geht.   ☐ Ich kann den Text im Wesentlichen verstehen.

b   Füge die Nomen aus Aufgabe 1 ein.

Die ____*Ostküste*____ der größten _____ der _____ ist die meiste

_____ des Jahres durch einen gigantischen _____ isoliert. Sie ist eine der unwirt-

lichsten und dennoch besiedelten _____ der Welt. Nur in der wärmeren _____

können _____ bis zum _____ vordringen. Wenige _____

leben in dem _____ Tiniteqilaaq, damit ist die _____ hier schon eine mittle-

re _____ : Denn insgesamt leben in der gesamten _____ Ammassalik nur etwa dreitau-

sendfünfhundert _____ . Ihre _____ aber ist sechsmal größer als Deutschland. Keine _____ ,

kein _____ führt nach Tiniteqilaaq. Im _____ ist es nur eine _____ der _____

_____ , _____ und _____ , die die _____ weist.

3   **a**   Unterstreiche im Text zu Aufgabe 2 mindestens 3 Nomen, die ein <u>Numerale</u> (Zahlwort) als Begleiter haben.
    b   Umrahme Nomen, die von einem Adjektiv begleitet werden.
    c   Umkreise 3 Nomen ohne Begleiter. Beweise durch eine der Proben, dass es sich um Nomen handelt.

Nomenendungen erkennen

Information	Typische Nomenendungen

Wörter mit den **Endungen *-heit, -keit, -nis, -schaft, -tum, -in, -ung*** sind Nomen z. B.: *Umgebung*.

1 a Im Wortgitter findest du 20 Wörter, an die du eine der Nomenendungen anhängen kannst. Markiere sie.

Z	X	S	Ä	S	L	U	M	G	E	B	E	N	E
N	V	N	F	R	E	U	N	D	R	E	I	C	H
B	F	R	E	U	N	D	L	I	C	H	Z	W	O
I	T	E	R	E	I	G	N	E	N	L	A	N	D
T	F	F	I	Y	B	R	A	U	C	H	M	F	K
B	I	T	T	E	R	C	L	I	R	R	E	N	D
I	G	Z	Ü	B	E	R	R	A	S	C	H	E	N
U	P	A	U	S	G	R	A	B	E	N	A	M	H
E	R	Z	E	U	G	E	N	E	I	G	E	N	X
D	H	E	I	T	E	R	F	I	N	S	T	E	R
E	R	B	E	N	R	E	I	N	S	A	M	T	L
H	F	C	E	R	L	E	B	E	N	Y	V	Z	F
H	H	Y	M	T	N	I	Ä	D	U	N	K	E	L
N	A	C	H	S	I	C	H	T	I	G	Y	P	Q

b Bilde im Heft Nomen: Füge an 10 Wörter sinnvoll eine der Endungen *-heit, -keit, -nis, -schaft, -tum, -ung* an.

2 In dem folgenden Text sind 15 Nomen fälschlicherweise kleingeschrieben. Markiere diese Wörter.

VORSICHT FEHLER!

Ein typischer Wintertag für die Inuit bedeutet Leben in ständiger finsternis. Die Mittagszeit erkennt man nur an einer ganz schwachen erleuchtung am südlichen Horizont. Die bedeutung dieser ständigen dun-
5 kelheit entzieht sich eigentlich unserer vorstellung. Wir können wohl nur erahnen, was es heißt, in monatelanger sonnenlosigkeit zu leben. Dazu kommt die klirrende Kälte in einer von Eis und Schnee geprägten landschaft. Da ist es nachvollziehbar, dass
10 die Inuit sich in die gemütlichkeit ihrer Häuser zurückziehen.
Früher fanden sie die geborgenheit in ihren Iglus, in denen eine kleine Feuerstelle für die helligkeit sorgte. Iglus sorgen, obwohl
15 sie aus Schnee gebaut sind, für behaglichkeit und Wärme. Und geselligkeit und gastfreundschaft waren den Inuit in ihren Iglus wichtig, denn vor allem die sozialen Kontakte schafften abwechslung. Hierbei wurden die alten Geschichten und Märchen er-
20 zählt und an die nachfolgende Generation weitergegeben. Heute werden Projekte für Jugendliche organisiert, damit diese in der einsamkeit der Eiswüste wieder zu sich und ihren Wurzeln finden.

Aus Verben und Adjektiven Nomen bilden

Methode	Nominalisierungen erkennen

Verben und Adjektive kann man **wie Nomen gebrauchen**. Solche **Nominalisierungen schreibt man groß**. Nominalisierte Verben und Adjektive erkennt man an ihren Begleitern. Sinnvoll sind die **Nomenproben**:

- **Artikelprobe,** z. B.: **Das Suchen** *von Nahrung in der Eiswüste ist hart.*
- **Adjektivprobe,** z. B.: **Kräftiges Reiben** *kann bei Eiseskälte helfen.*
- **Zählprobe**: Adjektive werden oft mit unbestimmten Zahlwörtern verwendet, z. B.: *Ich esse* **etwas Kaltes.**

1 a Unterstreiche in dem folgenden Text 7 Nomen mit der typischen Endung *-ung*.
   b Kennzeichne verschiedenfarbig 5 Verben und 1 Adjektiv, die im Text als Nomen gebraucht werden.

Inuit mussten früher in ihrem Lebensraum einen ständigen Kampf ums Überleben führen. Das Beschaffen der Nahrung machte vor allem im Winter große Probleme. Durch ihre lange Er-
5 fahrung gelang es ihnen, aus der zur Verfügung stehenden Nahrung alles zu gewinnen, was sie für die Erhaltung ihrer Gesundheit brauchten. Das Wichtigste für ihre Ernährung war rohes Fleisch. Das Garen von Fleisch zerstört Vitamine
10 und andere Nährstoffe. Isst man es roh, wird der

Körper mit wichtigen Stoffen versorgt, und ein Ausgleichen mit Obst und Gemüse wird unnötig. Inuit aßen manche Stücke ihrer erlegten Tiere sogar blutig, vor allem solche, die richtige Vitamin-
15 bomben sind. Die fettige Unterhaut von Walen enthält mehr Vitamin C als Zitrusfrüchte. Sie wurde getrocknet und verhinderte somit zuverlässig Mangelerscheinungen wie Skorbut. Im Sommer bot das Sammeln von Beeren eine wichtige Ergän-
20 zung zum gesunden Essen.

2 Das Jugendbuch „Red Fox und der weiße Bär", geschrieben von Robin Lloyd-Jones, spielt im 19. Jahrhundert auf einem Schiff in der Arktis. Darin wird die Hauptfigur Adam von den zwei Inuit Pipaluk und Qortoq gerettet.
   a Lies den folgenden Auszug und mache dir klar, welches Thema er mit dem Text zu Aufgabe 1 gemeinsam hat.

Bis jetzt hatte Adam dank Pipaluks Vorsorge weder Skorbut noch Erfrierungen bekommen. Sie und Qortoq und auch niemand sonst aus ihrer Gemeinschaft hätten jemals das gehabt, was die Qallunaat[1] Skorbut nannten, hatten sie Adam erklärt. Wenn er das gleiche Essen wie sie äße, würde er vielleicht auch keinen Skorbut bekommen. Sie hatte darauf bestanden, ihn fast dazu gezwungen, Brocken von rohem Walross- oder Seehundfleisch herunterzuwürgen. „Wie alte Seestiefel in Petroleum getränkt!", hatte er erklärt und das Gesicht verzogen. Aber ihr Ausdruck war so entschieden gewesen, dass er es heruntergeschluckt hatte.
Nun teilte er regelmäßig seine Mahlzeit mit Qortoq und Pipaluk und konnte ziemliche Mengen Speck herunterbekommen, ohne Übelkeit zu empfinden.

   b Formuliere in deinem Heft 3 zum Text passende Sätze, in denen Verben oder Adjektive nominalisiert sind,
      z. B.: *Das Vorsorgen gegen Skorbut war für die Inuit etwas Überlebenswichtiges.*

┌─ Wortspeicher ───┐
│   │
│ ~~das Vorsorgen~~   das Herunterwürgen   das Verhindern   das Zwingen   das Essen │
│ etwas Schreckliches   etwas Ekliges   etwas Wichtiges   ~~etwas Überlebenswichtiges~~   genug Gesundes │
│   │
└──┘

1 **Qallunaat:** Ausdruck der Inuit für die Weißen

Teste dich! – Groß- oder Kleinschreibung?

1 In dem Jugendbuch „Red Fox und der weiße Bär" sitzt das Schiff von Adam in der Arktis fest. Er macht sich mit einigen Seeleuten und den Inuit Qortoq und Pipaluk auf, um zum Überleben Seehunde zu jagen.

a Markiere im Text alle 17 Nomen und die beiden Namen.

Als sie nach drei stunden immer noch kein allut gefunden hatten, das noch genutzt wurde, hielten sie an. Qortoq und Pipaluk
machten sich daran, ein schneehaus zu
5 bauen, wobei sie alle hilfsangebote ab-
lehnten und sagten, alleine wären sie
schneller damit fertig. Pipaluk packte die
seehundfelle aus, die Qortoq von seinen frü-
heren fängen aufgehoben hatte, legte sie auf die

bänke aus schnee, die an der innenwand des 10
illuliaq gebaut waren, und zündete einen
docht an, der aus einer kleinen schale mit
seehundfett herausragte. Da die felle nicht
ausreichend behandelt worden waren, ver-
strömten sie einen strengen geruch. Nach- 15
dem sie gegessen hatten, legten sie sich auf
die schneebänke. Es war erstaunlich warm
und behaglich in ihrem kleinen bienenkorb.

b Markiere verschiedenfarbig folgende Begleiter von Nomen: 4 Adjektive und 3 Zahlwörter.
c An welchen Begleitern erkennst du, dass „Allut" (Seehund) und „Illuliaq" (Iglu) Nomen sind?

2 **a** Umrahme in dem folgenden Text 3 Nomen zum Thema „Iglubau" mit einer typischen Endung.
b Unterstreiche 4 nominalisierte Verben und 1 nominalisiertes Adjektiv.

Voraussetzung für das Bauen eines Iglus in einer
Schneelandschaft ist das Suchen eines geeigneten
Platzes. Hat man ihn gefunden, folgt das Zeichnen
einer kreisrunden Fläche, die so groß wie der spätere
5 Igluboden sein muss. Dabei ist die Verwendung von
Skistock und Schnur hilfreich. Danach folgt das Aus-

schneiden von Schneeblöcken. Sie werden so um
den Kreis gestapelt, dass die Mitte der Eisblöcke die
gezeichnete Linie berührt. Die unterste Blockreihe
trägt alle anderen Schneeblöcke und muss deshalb 10
ganz stabil sein. Das Beste ist eine leichte Neigung
nach vorn.

3 **a** Markiere in der Fortsetzung des Textes zum Bau eines Iglus 10 Fehler in der Großschreibung.
b Beweise durch eine der Nomenproben, dass 3 von dir gefundene Wörter Nomen sind.

Auf die erste blocklinie
werden nun von innen wei-
tere Blöcke in einer spirale
gesetzt. Der iglubauer baut
5 sich also selber zu. Es muss
darauf achten, dass alle Blöcke Kontakt zueinander
haben. Günstig ist eine neigung der Blöcke nach innen. Wenn der Iglubaumeister im Iglu stehen kann,

setzt er von innen den letzten Block. Den schiebt er
mit der schmalen seite durch das Loch und setzt ihn 10
mit der breiteren Seite in die Lücke. Nun sorgen löcher und Spalten noch für Zugluft. Deshalb müssen
alle öffnungen mit Schnee verschlossen werden.
Zum schluss gräbt man den eingang, der tiefer liegt
als der Boden, damit die warme luft nicht aus dem 15
Iglu verschwindet.

4 Prüfe deine Lösungen und die Punktzahl mit Hilfe des Lösungsheftes (▶ S. 28).

Getrennt- und Zusammenschreibung – Achte auf die Wortarten

Zusammenschreibung – *los + fahren = losfahren*

Information	**Zusammenschreibung**

Zusammen schreibt man folgende **Verbindungen:**
- **aus Nomen und Nomen,** z. B.: *Eis + Wüste = die Eiswüste.*
- **mit Adjektiven,** z. B.: *Kornblumen + blau = kornblumenblau, hell + blau = hellblau.*
- **von Verben mit unveränderlichen Wörtern,** z. B.: *hin + gehen = hingehen.*

Tipp: Wenn man bei Verben das erste Wort nicht verlängern kann, schreibt man zusammen.

1 Bilde im Heft aus den folgenden Nomen möglichst viele sinnvolle Zusammensetzungen, z. B.: *die Rosinenb…,*

●○○

> das Petroleum   das Wunder   die Bilder   die Kinder   die Lampen   die Kerzen
> der Rahmen   die Rechte   die Rosinen   die Lichter   die Dochte   der Morgen   die Falte
> die Brote   der Rock   die Sonne   die Kette

2 Wie können Farben sein? Stelle mit den Farbadjektiven *rot* und *blau* 10 Farben deiner Wahl zusammen.

●○○

> Wasser   tief   Himmel   hell   Kornblumen   schwarz
> Feuer   Tomate   Blut   dunkel   Backstein   Alarm

+		rot blau

3 **a** Markiere die unveränderlichen Wörter im Wortgitter.

●○○ **b** Wähle 5 aus und verbinde sie mit einem der Verben.

> gehen   laufen   fahren   springen   lassen

V	C	F	Z	U	M	H	E	R	I	M	L	O	S
A	U	S	K	A	N	L	L	Y	H	Ä	A	B	N
R	Ä	R	W	D	A	N	E	B	E	N	X	D	A
C	R	Ä	Z	K	L	G	H	I	N	A	U	F	
Y	U	J	D	I	T	E	I	N	C	M	I	T	Q
W	D	C	I	L	E	C	A	U	F	S	S	X	D
I	P	R	Z	U	R	Ü	C	K	R	Q	T	T	F
K	N	T	U	B	Ä	P	W	C	Z	Ä	I	D	X
H	L	H	E	R	U	N	T	E	R	V	Z	K	L
G	U	M	T	T	B	E	I	T	H	F	Ä	H	Ä
G	R	B	T	M	C	Ö	Y	D	H	E	R	A	B
Y	B	G	V	O	R	J	X	Ö	O	Q	W	E	G
H	C	E	N	T	G	E	G	E	N	B	P	L	B
H	E	R	A	N	V	T	Z	H	E	R	U	M	L

Zusammenschreibung – Ein Landeswettbewerb

1 a Beachte die Regeln zur Zusammenschreibung in der Information auf S. 98.

●●● **b** Bilde mit Hilfe der vier Wörterkästen Zusammensetzungen. Ordne sie richtig im Heft in eine Liste wie folgt ein.

A Nomen + Nomen	B Nomen + Adjektiv C Adjektiv + Adjektiv	D unveränderliches Wort + Verb

Korn Blumen Feld Regen Wasser Himmel Linie Kohle Blüte Schlangen Biss Hagel Körner Tropfen Blut	blau hell mittel dunkel schwarz weiß rot	an ab vorbei hin los weiter zurück	gehen laufen rennen spielen fahren

2 Bestimme in dem folgenden Text die markierten Wortzusammensetzungen.

●●● Schreibe in die Klammern hinter das Wort A, B, C oder D (▶ Tabellenkopf Aufgabe 1 b).

Skilaufen in Afghanistan

Skilaufen ist in Afghanistan eigentlich unbekannt. Aber seit einiger

Zeit gibt es in der Provinz Bamiyan einen Landeswettbewerb (____)

im Skirennen. Die afghanischen Jugendlichen warten ungeduldig

auf den Startschuss (____). Sie wollen loslaufen (____) und bewei-

sen, dass sie gute Skiläufer geworden sind. Die Luft ist kristallklar (____) und die Berge glitzern azurblau

(____) in der Sonne. Die afghanischen Läufer lösen sich superschnell (____) aus der Startergruppe (____) und

können den anderen Teilnehmern ohne Mühe davonklettern (____), denn sie sind an die dünne Luft ange-

passt. Während sich Teilnehmer aus anderen Ländern den Berg hochquälen (____), können die Afghanen

schon wieder den Hang hinunterrasen (____).

3 Entscheide: Getrennt oder zusammen? Setze die Wörter mit + richtig in die Lücken ein.

●●●

Ein afghanischer *Renn+Läufer* _____ nach dem anderen *über+quert* _____ die

Ziel+Linie _____ und alle freuen sich. Der *Sport+Wettbewerb* _____

soll den jungen Afghanen die *Chance+bieten* _____, in ihrer Heimat Geld zu ver-

dienen und dort zu *über+leben* _____. Was sich eigentlich unwahrscheinlich anhört, scheint

ein *Erfolg+reiches* _____ Projekt zu werden. Man will den Tourismus *an+locken*

_____ und damit Arbeitsplätze schaffen.

Getrenntschreibung – *da sein* und *Dinge erledigen*

Information	Getrenntschreibung

Getrennt schreibt man in der Regel folgende **Verbindungen:**
- **von Nomen und Verben,** z. B.: *Aufgaben machen, Fußball spielen, ...*
- **von Verben und Verben,** z. B.: *einkaufen gehen, arbeiten müssen, ...*
- **alle Zusammenstellungen mit „sein",** z. B.: *da sein, weg sein, fröhlich sein, ...*

1 Verbinde im Heft die nachstehenden Nomen sinnvoll mit den folgenden Verben.
●○○

Nomen: Fahrrad Kartoffeln Hausaufgaben Tisch Socken Kerzen Karten Tennis Zimmer Aufgaben
Verben: aufräumen machen schälen lösen decken anzünden stricken spielen lesen fahren

2 **a** Verbinde mit Pfeilen die folgenden Verben so, dass sie einen Sinn ergeben.
●○○   **Tipp:** Du kannst sie mehrfach verbinden.

einkaufen bleiben laufen lernen schwimmen putzen vorsingen denken stehen arbeiten

lassen müssen gehen wollen sollen mögen üben trainieren

b Ergänze die Sätze A, B und C sinnvoll um zwei Verben aus Aufgabe 2 a.

A Der Lehrer meint, dass die Kinder nicht _____ .

B Karina und Cara mögen nicht daran denken, dass sie _____ .

C Luis und Mustafa kriegen gute Laune, weil sie _____ .

3 In dem Wortgitter findest du 12 Wörter, die häufig mit „sein" verbunden werden.
●○○ Markiere sie und schreibe sie auf die Linien neben das Gitter.

W	A	U	S	L	W	H	A	T	H	U
I	Ö	B	K	T	W	U	Q	E	Ä	J
E	Y	Z	U	S	A	M	M	E	N	Q
L	Z	U	R	Ü	C	K	G	H	S	Y
F	E	R	T	I	G	J	R	T	J	J
C	G	B	E	R	E	I	T	Z	C	A
E	D	A	V	V	O	R	B	E	I	H
K	Y	D	R	T	D	A	B	E	I	A
G	S	Ö	F	H	I	N	Ü	B	E	R
A	N	A	U	F	R	H	I	E	R	E
N	N	A	Ä	K	I	F	B	I	J	B

Getrenntschreibung – *Fahrrad fahren* und *schwimmen gehen*

1 **a** Beachte die Regeln zur Getrenntschreibung in der Information auf S. 100.

b Bilde mit Hilfe der Wörterkästen je 6 Wortverbindungen. Ordne sie richtig in die nachstehende Tabelle ein.

Betten Kuchen Gemüse Fleisch Brötchen Karten Fußball Hausaufgaben Ski	machen backen kochen grillen holen denken laufen schwimmen üben spielen + wollen müssen sollen	da dabei vorbei zurück fertig zusammen hinüber aus an auf bereit hier

A Nomen + Verb	B Verb + Verb	C Verbindungen mit „sein"

2 Entscheide: Um welche Verbindungen handelt es sich bei den markierten Wörtern in A bis D?
Trage sie in die richtige Spalte der Tabelle zu Aufgabe 1 ein.

A Wenn du am Nachmittag kommen möchtest, werde ich da sein.

B Wir können zuerst die Hausaufgaben machen und uns dann etwas vornehmen.

C Wir haben die Wahl zwischen Fahrrad fahren und schwimmen gehen.

D Gegen 18:00 Uhr muss ich aber wegen des Fußballtrainings wieder zurück sein.

3 Ergänze die folgenden Sätze A bis C sinnvoll mit Wortverbindungen. Nutze den Wortspeicher.

Wortspeicher

Kleidung essen Tisch auslüften genervt sein nehmen können müssen decken

A Wenn ich von der Arbeit komme, muss ich meine _____, weil sie riecht.

B Für das Abendbrot werde ich den _____, damit ich mit meiner Familie

zusammen _____.

C Ich will nicht ständig _____ und ich will auch nicht immer Rück-

sicht _____.

Teste dich! – Getrennt oder zusammen?

1 In dem folgenden Text findest du 10 zusammengesetzte Nomen. Markiere sie. PUNKTE ☐

Heute verbinden wir oft mit Afghanistan Zerstörung und Krieg. Aber das war nicht immer so. Früher reisten viele Auslandstouristen an, um sich die Naturschönheit der Berglandschaft anzusehen. Die
5 Provinzhauptstadt Bamiyan war ein wichtiger Reiseknotenpunkt. Jetzt soll der Tourismus wieder entwickelt werden, und zwar durch den Wintersport. Dabei konnte in Bamiyan niemand Ski laufen, aber der 49-jährige Italiener Rollando hat sich in den Kopf gesetzt, es den jungen Afghanen beizubringen und 10 ihnen als Bergführer, Skilehrer oder Bergretter eine Lebensgrundlage in ihrer Heimat zu geben. Insgesamt 36 Jugendliche trainieren für diese Aufgabe in der Zukunft.

2 Entscheide: Getrennt oder zusammen? Setze die Wörter mit + richtig in die Lücken ein. PUNKTE ☐

Ein *Ski+Gebiet* _____ in den Koh-e-Baba-Bergen *auf+zu+bauen* _____ ,

könnte den verarmten *Berg+Bewohnern* _____ im Winter zu einem Einkommen verhelfen,

wenn ihre Felder ungenutzt *liegen+bleiben* _____ . Die Politiker, die für das Gebiet

zuständig+sind _____ , wollen den Tourismus auf jeden Fall *an+kurbeln* _____

_____ und *unter+stützen* _____ . Reiterspiele und Festivals sollen die

Touristen *an+locken* _____ , aber so richtig *Erfolg+reich* _____ sind sie

noch nicht. Deshalb freuen sie sich über die Jugendlichen, die voller Begeisterung trainieren und sich auf ihre

zukünftige Aufgabe *vorbereiten+wollen* _____ .

3 Welcher Grund liegt für die Zusammenschreibung bzw. Getrenntschreibung im folgenden Text vor? Ordne den markierten Wörtern in Klammern den richtigen Buchstaben A, B, C oder D zu. PUNKTE ☐

A Zusammensetzung von Nomen
B Zusammensetzung von Adjektiven
C Zusammensetzungen von Verben
D Zusammensetzung von Verben und unveränderlichen Wörtern.

Für viele junge Afghanen war es völlig unbekannt, dass man auf den Berghängen (___) Ski fahren kann. Sie dachten, dass sie wie ihre Väter und Großväter Kartoffeln anbauen müssten (___). Das bedeutete aber auch meist, im Winter bitterarm (___) zu sein. Der 19-jährige Sayed Ali Shah, der unbedingt in Kabul zur Schule gehen wollte (___), traf den Bergführer Ferdinando Rollando und ließ sich überreden (___), das Skilaufen zu lernen. Heute trainiert er die Jungen aus der Gegend. Auch junge Bergführer werden ausgebildet (___), die Gruppen von Wanderern in die Berge begleiten. Sie wissen, wie man Lawinensuchgeräte (___) bedient, und die Schafhirten im Tal sind für den Fall vorbereitet (___), dass sie Touristen aus dem Schnee retten müssen (___).

4 Prüfe deine Lösungen und die Punktezahl mit Hilfe des Lösungsheftes (▶ S. 29). GESAMT ☐

Zeichensetzung – Kommaregeln

Kommasetzung bei Aufzählungen

Information	Kommasetzung bei Aufzählungen

- **Kommas** stehen zwischen **aufgezählten Wörtern und aufgezählten Gruppen von Wörtern.**
  → Das **Komma entfällt,** wenn sie durch ***und*** oder ***oder*** verbunden sind, z. B.:
  *Nairobi, Kairo **und** Tunis sind afrikanische Großstädte.*
- Das **Komma steht vor** den Verknüpfungen (Konjunktionen) ***aber, jedoch, sondern*** und ***doch***. Sie leiten einen **Gegensatz** ein, z. B.: *Nairobi, Kairo und Tunis sind afrikanische Städte, **aber** Athen ist europäisch.*

1 Erkläre mit Hilfe der Regeln A, B, C die Kommasetzung in den Sätzen 1 bis 3.
Setze den richtigen Buchstaben in Klammern hinter die Sätze.

A Aufzählungen von Wörtern werden durch ein Komma getrennt.
B Aufzählungen von Wortgruppen werden durch ein Komma getrennt.
C Vor Verknüpfungswörtern, die einen Gegensatz einleiten, steht ein Komma.

1 In vielen Städten Afrikas leben Kinder in Slums, die unwirtlich, lebensfeindlich und überbevölkert sind. (___)

2 Zwar verdienen die Menschen meistens etwas Geld, aber für ein gutes Leben einfach nicht genug. (___)

3 Mit 10 € täglich hätte eine achtköpfige Familie in Afrika ein ausreichendes Einkommen, könnte sich gesund ernähren und die Kinder zum Lernen in die Schule schicken. (___)

2 a Setze in dem folgenden Text die 7 fehlenden Kommas.
b Unterstreiche die Aufzählungen. Umrahme Verknüpfungswörter, die einen Gegensatz einleiten.

Auch in den Armutsvierteln afrikanischer Städte kann man Obst Gemüse und alle anderen Grundnahrungsmittel kaufen aber nur mit ausreichend Geld. Eine gute Lösung wäre die Selbstversorgung durch eigenen Gemüseanbau. Das nötige feucht-warme Klima wäre vorhanden aber leider nicht der nötige Platz. Eine Lösung sind so genannte Sackgärten, in denen Zwiebeln Spinat Kohl und Tomaten angebaut werden. Man braucht nur Platz für zwei Säcke aber man erntet daraus für eine ganze Familie. Die italienische Hilfsorganisation COOPI unterstützt die Anlage von Sackgärten. Ein bepflanzter Sack kostet 15 € aber er liefert sechs Monate lang alle drei bis sechs Tage eine Ernte.

1 a Verbinde mit Pfeilen die nachstehenden Wortgruppen zu sinnvollen Sätzen.
b Setze die Kommas. Notiere hinter jedem Satz den richtigen Buchstaben für die Kommaregel aus Aufgabe 1.

Jeder Pflanzsack braucht in seinem Inneren …   aber er sorgt für eine große Ernte. (___)

Die Pflanzen wachsen nicht nur oben aus dem Sack …   Kohl Zwiebeln Paprika. (___)

Angepflanzt werden Gemüse des täglichen Bedarfs wie …   sondern auch aus den Seiten. (___)

Der Sack benötigt nur eine kleine Grundfläche …   kleine Steine größere Steine gedüngte Erde. (___)

Kommasetzung in Satzreihen

Information	Kommasetzung in Satzreihen

Eine **Aufzählung von Hauptsätzen** nennt man eine **Satzreihe** (▶ S. 60).
Man **trennt sie durch Kommas** oder **verbindet sie durch Verknüpfungswörter** (Konjunktionen).
- Vor den Verknüpfungen *und* und *oder* **kann ein Komma** stehen, muss aber nicht, z. B.:
  Mali liegt in Afrika, Timbuktu heißt die Hauptstadt(,) und der Niger ist der größte Fluss des Landes.
- Vor den Verknüpfungen *aber, doch, sondern, denn* steht immer ein Komma, z. B.:
  Mali liegt nicht im feuchten Teil Afrikas, sondern es befindet sich in der trockenen Zone südlich der Sahara.

---

1 **Erkläre mit den Regeln A, B, C die Kommasetzung. Setze den richtigen Buchstaben in Klammern hinter die Sätze.**

> A Hauptsätze werden durch ein Komma voneinander getrennt.
> B Vor den Verknüpfungswörtern *und* und *oder* kann ein Komma stehen, muss aber nicht.
> C Vor den Verknüpfungswörtern *aber, doch, sondern, denn* steht immer ein Komma.

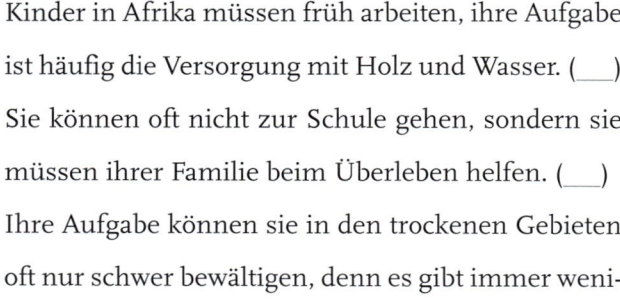

Kinder in Afrika müssen früh arbeiten, ihre Aufgabe ist häufig die Versorgung mit Holz und Wasser. (___)
Sie können oft nicht zur Schule gehen, sondern sie müssen ihrer Familie beim Überleben helfen. (___)
5 Ihre Aufgabe können sie in den trockenen Gebieten oft nur schwer bewältigen, denn es gibt immer weni-ger Holz (___), die Kinder müs-sen immer weitere Wege in Kauf nehmen. (___)
Ein Solarkocher könnte Holz überflüssig machen(,) und das würde vor allem die Arbeit der Frauen und Kinder vereinfachen. (___) 10

---

2 **a** **Setze in der Fortsetzung des Textes aus Aufgabe 1 die 6 fehlenden bzw. möglichen Kommas.**
 b **Notiere den Buchstaben aus Aufgabe 1, der die entsprechende Regel für die Kommasetzung nennt.**

Mädchen profitieren besonders von den Solarko-chern denn sie bekommen Zeit für die Schule. (___)
Sie müssen nicht mehr endlos lange Holz für das Feuer sammeln sondern sie können lernen. (___)
5 Leider kann man die Solarkocher nicht überall un-problematisch einsetzen sie passen nicht zu den Le-bensgewohnheiten vieler Menschen in Afrika. (___)
Zwar scheint in Afrika fast überall die Sonne im Überfluss aber oft wird nur abends gekocht (___) und da scheint die Sonne nicht mehr. (___) 10
Viele Frauen dürfen zudem nicht draußen kochen aber der Kocher funktioniert nicht im Haus. (___)

---

3 **a** **Verbinde im Heft die folgenden Hauptsätze.**
 b **Schreibe einen zusammenhängenden Text und prüfe deine Kommasetzung.**

Solarkocher könnten eine Lösung für das knapp werdende Holz sein.	Das ist nicht praktisch.

Wandernde Familien müssen den Kocher mitnehmen und an anderen Stellen wieder aufbauen.

Sie bergen Gefahren.	Die Spiegel für die Solarkocher können bis zu 300° heiß werden.

Außerdem brauchen Solarkocher viele Schrauben.	Schrauben gehen schnell verloren.

Kinder können sich leicht Verletzungen zuziehen.

Kommasetzung in Satzgefügen

Information **Kommasetzung in Satzgefügen**

Satzgefüge (mindestens ein **Haupt-** und ein **Nebensatz; ▶** S. 60) werden **durch Kommas getrennt**.
Der **Nebensatz** kann **vor** oder **nach** dem Hauptsatz stehen oder **eingefügt** sein, z. B.:
- **vor:** *Wenn Kinder in der Schule lernen sollen*, brauchen sie ausreichend Nahrung.
- **nach:** *Kinder brauchen ausreichend Nahrung, wenn sie in der Schule lernen sollen.*
- **eingefügt:** *Kinder brauchen, wenn sie in der Schule lernen sollen, ausreichend Nahrung.*

---

1 **Mache dir klar, warum in den folgenden Sätzen Kommas gesetzt wurden.**
●○○ **Markiere in den Satzgefügen die Nebensätze. Umrahme die Kommas.**

Hirse ist das Grundnahrungsmittel vieler Menschen in Afrika, weil sie auch unter schwierigen Bedingungen gut angebaut werden kann. Dass sie aber auch sehr gesund ist, ist dabei wichtig für die Ernährungssituation der Menschen. So gilt Hirse, da sie viel Magnesium und Folsäure enthält, auch als Gesundmacher.

2 **Unterstreiche im nachstehenden Text die Nebensätze. Setze die fehlenden Kommas.**
●●○

Hirse hat ein kräftiges Aroma das den Hirsebrei sehr schmackhaft macht. Die Hirse wird einfach 30 bis 40 Minuten in Wasser das sie im Topf bedecken muss gekocht. Es gilt in der Regel dass man für ein halbes Pfund Hirse einen halben Liter Wasser nehmen muss. Wenn man Hirse vor dem Garen in einer Pfanne leicht anröstet bekommt sie einen nussigen Geschmack.

3 **a** **Verbinde im Heft die folgenden Sätze mit Pfeilen zu sinnvollen Satzgefügen.**
●●● **b** **Ordne sie, sodass sich ein sinnvoller Text ergibt. Schreibe ihn auf.**
 c **Prüfe deine Kommasetzung.**

Hirsebrei mit Beilage

Alle Gemüsesorten werden geputzt und zerkleinert …	… da er Zutaten für eine Gemüsepfanne liefert.
Für viele afrikanische Menschen gibt es nur Hirsebrei …	… weil nichts anderes vorhanden ist.
Eine Gemüsebeilage ist eine willkommene Abwechslung …	… damit sie schnell garen können.
Der Sackgarten kann eine gute Ergänzung sein …	… wenn beides vorhanden ist.
Das Garen geschieht in einer Pfanne mit Öl …	… weil sie gesund ist und gut schmeckt.

Kommasetzung vor *das* oder *dass*

Information	Nebensätze mit *das* oder *dass* unterscheiden

Nebensätze, die mit *das* oder *dass* beginnen, werden durch **Komma** abgetrennt.
- Relativsätze (▶ S. 62) mit *das* beziehen sich auf ein sächliches Nomen im Hauptsatz, z. B.:
*Ein **Kind, das** die Schule besucht, kann seine Zukunft leichter meistern.*

- ***Dass*** dagegen **bezieht sich auf das Verb des vorangegangenen Satzes**, z. B.:
*Jeder **weiß, dass** Kinder mit Schulbildung bessere Chancen für die Zukunft haben.*

1 a Setze die notwendigen Kommas vor *das* oder *dass*.
  b Begründe die jeweilige Schreibung von *das* und *dass*, indem du das Bezugswort im Hauptsatz unterstreichst.

Die afrikanische Sahelzone ist ein Gebiet das durch sehr trockenes Klima mit einer Regenzeit im Jahr bestimmt ist. Die Menschen im Norden haben sich in ihrer Lebensweise dadurch angepasst dass sie
5 der Regenzeit mit ihren Tieren von Weideplatz zu Weideplatz hinterherziehen. Das heißt dass auch die Kinder ständig ihren Wohnort wechseln.
Im Süden betreiben die Menschen Ackerbau. Auch in diesen Familien ist es so dass die Kinder früh
10 Aufgaben übernehmen. Die Bevölkerung wächst sehr stark. Das bedeutet dass immer größere Flä-

chen für den Anbau von Nahrungsmitteln wie z. B. Hirse benötigt werden.

2 Bilde in deinem Heft mit Hilfe der folgenden Satzbausteine sinnvolle Satzgefüge.
Leite die Nebensätze mit *das* oder *dass* ein und setze ein Komma davor, z. B.:
Früher war es die Pflicht der Bewohner der Sahelzone, dass man die Bäume pflegte.

Früher war es die Pflicht der Bewohner der Sahelzone …	Man hat die Bäume einfach abgeholzt.
Später wurde es normal …	Der Brennholzbedarf muss reduziert werden.
Die Staaten der Sahelzone müssen heute daran arbeiten …	Man baut Lehmöfen.
Eine Möglichkeit besteht darin …	Man legt drei Steine auf die Erde und macht ein Feuer.
Das kann man dadurch schaffen …	Man musste die Bäume pflegen.
Eine afrikanische Feuerstelle zeichnet sich dadurch aus …	Der Boden muss geschützt werden.
Ein Lehmofen führt dazu …	Man kann mit viel weniger Holz kochen.
Ein weiterer Vorteil ist …	Ein Ofen kann in Afrika gebaut werden und kostet nicht viel.

Teste dich! – Kommasetzung

1 Erkläre die Kommasetzung in dem nachstehenden Text mit Hilfe der Regeln A, B, C, D.
Setze den richtigen Buchstaben in Klammern hinter die Sätze.

PUNKTE

A Aufzählung von Wörtern und Wortgruppen	B Satzreihe
C Satzgefüge	D gegensatzanzeigende Verknüpfungswörter

Die Wüste wächst, aber es gibt erste Hoffnungsschimmer. (___)

Der Kampf gegen die Wüstenbildung, gegen Abholzung und Abtragung
des Bodens ist eine der größten Herausforderungen in Afrika. (___)

Nur Bäume können letztlich die Austrocknung stoppen, denn sie halten
den Wind ab und das Wasser im Boden. (___)

Sie sind so wichtig, weil sie Schatten bieten (___).

Außerdem locken sie Würmer und Insekten an, ihre Blätter dienen als Dünger. (___)

2 **a** Setze in dem folgenden Text die 13 fehlenden Kommas.
b Kreuze an, gegen welche Regel am häufigsten verstoßen wurde:

PUNKTE

Fehlende Kommasetzung ☐ bei Satzreihen ☐ bei Satzgefügen ☐ bei Aufzählungen.

Seit Jahrzehnten versuchen Wissenschaftler Agrartechniker und Hilfsorganisationen die Ausbreitung der Wüste zu stoppen. Trockenperioden Wasserknappheit und der wachsende Bedarf an Feuerholz beschleunigen das Wachsen der Wüsten. Es ist deshalb kein Wunder dass die Länder der Sahelzone wollen dass wieder Bäume in der abgeholzten trockenen Gegend wachsen. In den letzten Jahren haben viele Wissenschaftler experimentiert. Sie haben kleine Bäumchen gepflanzt größere Bäume gepflanzt mit Bewässerung ohne Bewässerung Windfänge errichtet Zäune gezogen aber die Ergebnisse waren kläglich: Mal knabberten Ziegen die jungen Triebe ab dann fegte ein Sandsturm die Blätter von den Zweigen. Oft fällten auch die Bauern die Bäume weil sie Feuerholz gewinnen wollten.

10

15

3 Setze in dem folgenden Text die 8 fehlenden Kommas.

PUNKTE

Im Humbo-Tal im afrikanischen Staat Niger hat man die Begrünung der Sahelzone geschafft aber ganz anders als gedacht. Da wo es eigentlich nichts mehr zu säen und zu ernten gab gibt es jetzt wieder Schatten Gras und anderes Tierfutter. Aber man pflanzt keine neuen Bäume sondern pflegt alte Baumstümpfe die dann wieder Triebe bilden. Viele Kleinfarmer beteiligen sich an der Aktion sie schneiden die Triebe von den Baumstümpfen. Die Zweige bleiben schützend auf dem Boden liegen erst dann dienen sie als Feuerholz. Durch diesen Schutz gegen die Austrocknung werden die Baumstümpfe wieder grün.

5

10

4 Prüfe deine Lösungen und die Punktzahl mit Hilfe des Lösungsheftes (▶ S. 30–31).

GESAMT

Ich teste meinen Lernstand

Mit den folgenden Tests kannst du feststellen, wie erfolgreich du im Fach Deutsch gelernt hast.
Du kannst mit den Tests prüfen,

- wie gut du **Sachtexte lesen und verstehen** kannst (Test A),
- wie sicher du in der **Grammatik** bist (Test B),
- welche **Rechtschreibstrategien** du beherrschst (Test C),
- wie geschickt du **eine Grafik in einem Sachtext beschreiben** kannst (Test D).

Wenn du wissen willst, was du im Fach Deutsch gelernt hast, kannst du alle Tests am Ende des Schuljahres bearbeiten. Aber auch während des Schuljahres kannst du prüfen, in welchen Bereichen du weiter üben musst. Plane feste Zeiten ein, um einen Test zu bearbeiten. Lies die Aufgaben genau, arbeite ruhig und gründlich. Zum Schluss kannst du deine Lösungen mit Hilfe des Lösungsheftes selbst kontrollieren, deine Punktzahl berechnen und deine Fähigkeiten bewerten.

Test A – Sachtexte und Grafiken lesen und verstehen

1 **Worum geht es in dem nachstehenden Sachtext?**
Lies ihn und kreuze an, welcher Satz das Thema des Textes am besten zusammenfasst.

PUNKTE

A In dem Text geht es um Sehenswürdigkeiten in Chinas Großstädten.	☐
B In dem Text geht es um die schulische Ausbildung chinesischer Kinder.	☐
C In dem Text geht es um Umweltkatastrophen in China.	☐
D In dem Text geht es um das Leben eines chinesischen Jungen in Peking.	☐

Angela Köckritz

Hallo, ich bin Dongdong – Leben in der Hauptstadt Chinas

① Dongdong [...] heißt eigentlich Cai Jinsheng, Dongdong ist nur sein Spitzname. Als er auf die Welt kam, war sein Kopf so rund, dass er seine Mutter an einen Kürbis erinnerte. Auf Chinesisch heißt der Donggua. Deshalb heißt Jinsheng jetzt Dongdong, wobei man im Chinesischen das o mehr wie ein u ausspricht. Dann klingt Dongdong so, als würde man eine Glocke anschlagen. Dongdong lebt im Norden Pekings in einer Wohnanlage, die von außen aussieht wie eine Prinzenresidenz. Da gibt es ein Tor mit Säulen und einen Springbrunnen, dahinter aber liegen einfache Hochhäuser, in denen man nicht unbedingt einen Prinzen vermuten würde. Hier wohnt Dongdong mit seiner Mutter. [...]

② Manche Dinge in Dongdongs Leben sind ganz ähnlich wie im Leben deutscher Kinder. Etwa dass seine Mutter schimpft, wenn das Zimmer nicht aufgeräumt ist. Manche Dinge aber sind ganz anders. Da ist zum Beispiel die Sache mit der Luft. Wenn sich eine Smogwolke über Peking legt wie so oft, darf Dongdong nicht raus zum Spielen. [...] Die Städte in China sind riesig. In Peking leben etwa 23 Millionen Menschen, das sind mehr als siebenmal so viele Einwohner wie in Berlin! Es gibt viel Industrie, und die Menschen heizen mit Kohle. Vor allem aber haben sehr viele in den vergangenen Jahren ein Auto gekauft. Früher war China ein armes Land, fast alle fuhren mit dem Rad. [...] Dann aber wurde China immer reicher, und plötzlich wollen alle ein Auto haben. Deshalb ist die Luft so schmutzig.

③ Dongdong hat keine Geschwister, wie so viele Kinder in China. China ist das Land auf der Erde mit den meisten Einwohnern. 1,3 Milliarden Menschen leben hier. Auf der ganzen Welt sind es ungefähr 7 Milliarden. Damit es nicht noch mehr Menschen in

China werden, hat die Regierung schon vor vielen Jahren angeordnet, dass Eltern in den Städten nur ein Kind bekommen sollen. Kriegen sie noch ein zweites, müssen sie hohe Strafen zahlen. [...]

❹ Seit einiger Zeit hat Dongdong wenig Zeit, [...]. Seit er die Mittelschule besucht, ist die Schule richtig anstrengend geworden. Morgens geht es mit Frühsport los, um halb vier nachmittags endet der Unterricht. Danach muss Dongdong Hausaufgaben machen und zwei Stunden zur Nachhilfe. Dort bekommt er noch mal Hausaufgaben. Dongdong muss nicht etwa zur Nachhilfe, weil er so schlecht in der Schule wäre – viele Kinder in Peking gehen hin, egal, wie gut sie sind. Weil viele chinesische Eltern eben nur ein Kind haben, verwöhnen sie es sehr. Einerseits. Andererseits haben sie an ihr Kind auch hohe Erwartungen und wollen unbedingt, dass es Erfolg hat. [...]

❺ Nicht alle Nachhilfestunden haben etwas mit der Schule zu tun. Samstags, wenn Kinder in Deutschland frei haben, ist Dongdongs Tag besonders voll. Erst hat er Mathe. „Den Kurs hasse ich. Aber was soll ich machen, in Mathe bin ich nicht gut." Danach geht er in den Flugzeugmodellbaukurs. Anschließend in den Roboterbaukurs. Und schließlich zur Kalligrafie, dort lernt er, chinesische Schriftzeichen schön aufzuschreiben. An anderen Tagen lernt er Englisch, Tischtennis und Fußball. [...] Wenn er groß ist, will Dongdong Wissenschaftler werden, chinesische Medizin studieren und etwas ganz Tolles erfinden:

Chinas größte Stadte

Einwohner in Millionen

Chongqing		31,99
Shanghai		13,68
Peking		11,98*
Chengdu		11,03

* Im Großraum Peking leben ca. 23 Millionen Menschen.

book 2007   *ohne Hongkong, Macao, Taiwan   © Globus

---

2 Kreuze an, welche der folgenden Aussagen mit dem Text übereinstimmen oder falsch sind.

PUNKTE

	richtig	falsch
A In China leben knapp eine Milliarde Menschen.	☐	☐
B Dongdong lebt in einer Wohnanlage im Norden von Peking.	☐	☐
C Dongdong ist Cais Nachname.	☐	☐
D Viele Kinder in China nehmen Nachhilfeunterricht.	☐	☐

3 Welche Überschrift passt zu welchem Textabschnitt? Trage die richtigen Nummern ein.

PUNKTE

A Peking im Smog	Nr.		C Dongdongs Spitzname und Zuhause	Nr.
B Spielen und Freizeit	Nr.		D Schule und Nachhilfe	Nr.
			E Die Ein-Kind-Familie	Nr.

4 Prüfe dein Verständnis der Grafik: Welche Aussage trifft zu? Kreuze an: Die Grafik zeigt, ...

PUNKTE

	richtig	falsch
A wie viele Einwohner in chinesischen Großstädten leben.	☐	☐
B dass in Peking weniger Menschen leben als in Shanghai.	☐	☐
C dass alle chinesischen Städte etwa 8 Millionen Einwohner haben.	☐	☐
D wie viele Kinder in Chinas großen Städten leben.	☐	☐

5 a Prüfe deine Lösungen mit Hilfe des Lösungsheftes (▶ S. 31). Trage die Punkte neben die Aufgaben ein.
   b Übe erneut die Aufgaben, bei denen du keine oder nur wenige Punkte erreicht hast.

GESAMT

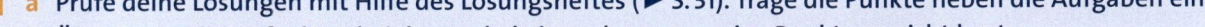

Test B – Grammatik

1 a Unterstreiche in dem folgenden Satz farbig: Possessivpronomen grün, Personalpronomen blau, Relativpronomen schwarz, Demonstrativpronomen gelb.

In unserem Text geht es um einen Jungen, der Dongdong heißt. Dieser wohnt in Peking.

b Mit welchen Personalpronomen kannst du „Dongdong" in Satz A und B ersetzen? Streiche durch und schreibe die von dir gewählten Pronomen über seinen Namen.

A Dongdong hat wenig Zeit. Auch samstags geht Dongdong in die Schule, die Dongdong sehr fordert.

B Dongdong würde es gefallen, später als Wissenschaftler etwas Besonderes zu erfinden.

2 a Schreibe aus Satz 6–8 in Abschnitt ❺ *(„Danach geht .... – ... schön aufzuschreiben")* die 4 Adverbien heraus.

b Notiere in Klammern: Was bezeichnet das Adverb jeweils – den Ort (O), die Zeit (Z), den Grund (G) die Art und Weise?

_____ (_____), _____ (_____), _____ (_____), _____ (_____)

3 a Notiere: In welcher Zeitform steht der letzte Satz in Abschnitt ❶?

_____

b Formuliere den gleichen Satz im Präteritum, Perfekt, Plusquamperfekt und Futur I. Schreibe ins Heft.

c Kreuze an: Bei dem Verb „wohnen" handelt es sich um [ ] ein starkes Verb [ ] ein schwaches Verb.

4 a Aktiv (A) oder Passiv (P)? Bestimme dies für die folgenden Sätze A und B. Notiere in Klammern.

A Dongdong baut Roboter. (_____)

B Auch Flugzeugmodelle werden von Dongdong gebastelt. (_____)

b Schreibe in deinem Heft den Aktivsatz ins Passiv um und den Passivsatz ins Aktiv.

5 a Informiere genauer! Ergänze in deinem Heft Satz 1 in Abschnitt ❹ durch die folgenden Satzglieder:

wegen der Schule   durch zusätzliche Aufgaben

b Bestimme im Heft alle Satzglieder des neuen Satzes so: Subjekt (S), Prädikat (P), Akkusativobjekt (A), adverbiale Bestimmung (AB-Zeit/-Ort/-Art und Weise/-Grund).

6 Verknüpfe in deinem Heft die beiden folgenden Hauptsätze sinnvoll zu einem Satzgefüge mit einem:
– Kausalsatz,   – Modalsatz.
Tipp: Nutze die richtigen von diesen Verknüpfungswörtern:
als, bevor, nachdem, weil, da, während, indem, wenn.

Dongdong beherrscht chinesische Schriftzeichen.   Er übt die Schreibung.

7 a Prüfe deine Lösungen mit Hilfe des Lösungsheftes (▶ S. 31). Trage die Punkte neben die Aufgaben ein.
b Übe erneut die Aufgaben, bei denen du keine oder nur wenige Punkte erreicht hast.

PUNKTE

PUNKTE

PUNKTE

PUNKTE

PUNKTE

PUNKTE

PUNKTE

PUNKTE

PUNKTE

PUNKTE

PUNKTE

PUNKTE

PUNKTE

GESAMT

Test C – Rechtschreibung

1 a Markiere im Abschnitt ❶ (▶ S. 108) 4 Wörter, deren Schreibung man durch Verlängern erklären kann.

PUNKTE

b Schreibe sie mit ihrer Verlängerungsform auf.

PUNKTE

---

2 Begründe die Schreibung der Wörter *aufgeräumt* (Z. 18 f.) und *Städte* (Z. 25) durch ihre Ableitungswörter.

PUNKTE

---

3 a Im Abschnitt ❷ finden sich die Wörter *spielen, riesig* und *viele*.
Kreuze die richtigen Aussagen zur *ie*-Schreibung an:

- *ie* schreibt man, wenn die erste Silbe offen ist.   ■ *ie* schreibt man, wenn die erste Silbe geschlossen ist.

PUNKTE

b Erkläre die Schreibung des Wortes *Beispiel* (Z. 20 f.). Kreuze die richtige Aussage an.

☐ Das *ie* steht in der ersten Silbe.   ☐ Man muss das Wort zerlegen und dann verlängern.

☐ Es ist ein Ausnahmewort.

PUNKTE

4 Markiere im Abschnitt ❸ mindestens 3 Merkwörter mit *h*.

PUNKTE

5 Im Abschnitt ❹ findest du 6 Wörter mit zwei und mehr Silben,
deren Wortende nicht eindeutig zu hören ist.
a Trage sie in die Tabelle und markiere die unklare Stelle.

PUNKTE

Wörter mit *b, d* und *g*	Wörter mit Doppelkonsonant

b Benenne die Strategie, mit der du die Schreibung begründen kannst: _____

PUNKTE

6 Kennzeichne im Abschnitt ❺ die Nomen wie folgt:

PUNKTE

a Unterstreiche die Nomen, die von einem <u>Artikel</u> begleitet werden.

b Umrahme die Nomen, die von einem Zahlwort begleitet werden.

c Umkreise die Nomen, die von einem Adjektiv begleitet werden.

7 a Prüfe deine Lösungen mit Hilfe des Lösungsheftes (▶ S. 32).
Trage die Punkte neben die Aufgaben ein.

GESAMT

b Übe erst die Aufgaben, bei denen du keine oder wenige Punkte erreicht hast.

111

Test D – Einen Bericht schreiben

> Es heißt, man solle keine körperlichen Anstrengungen oder Freiluftaktivitäten unternehmen.

> Das habe ich noch nie erlebt!

- 20 Millionen Pekinger sind aufgerufen, die Wohnung nicht zu verlassen.
- Die kleinen Schadstoffpartikel in der Luft steigen seit Anfang Januar auf Rekordwerte.
- Menschen (vor allem Alte, Kranke und Kinder) riskieren Atemwegsleiden, Schlaganfälle, Herzerkrankungen.
- Industrieabgase, Heizungen und der zunehmende Autoverkehr sind die Verursacher.

Feinstaubwerte in Peking:
Januar 2013: 845 Mikrogramm je Kubikmeter Luft
Gefahr für den Menschen: bei über 300 Mikrogramm

1 Für die Schülerzeitung soll ein Bericht über den Smog (die Luftverschmutzung) in Peking verfasst werden. Lies die Aussagen der Menschen, die Bildunterschrift sowie den Notizzettel.
Markiere in unterschiedlichen Farben Antworten auf die W-Fragen, die du für deinen Bericht benötigst.

PUNKTE

2 Verfasse den Bericht. Beachte dabei die Schreibtipps.
Tipp: Berichtet wird in der Zeitform Präteritum.
Denke auch an die Informationen aus Abschnitt ❷, ▶ S. 108.

PUNKTE

Schreibtipps
Formuliere eine passende Überschrift _____

Beantworte zu Beginn in deinem Bericht die **W-Fragen:** Wann? Wo? Wer? Was?

Im Januar 2013 kam es in ... _____

_____

Beschreibe anschließend in einer sinnvollen **Reihenfolge, wie** und warum es passierte.

Gehe am Schluss auf **mögliche Folgen** ein.

3 a Prüfe deine Lösungen mit Hilfe des Lösungsheftes (▶ S. 32). Trage die Punkte neben die Aufgaben ein.
b Übe erneut die Aufgaben, bei denen du keine oder nur wenige Punkte erreicht hast.

GESAMT